＊＊＊

Supercouple
スーパーカップル症候群
Syndrome

ウェイン・M・ソーティール
メアリ・O・ソーティール 著
都築幸恵 訳

大修館書店

Supercouple Syndrome:
How Overworked Couples
Can Beat Stress Together
by
Wayne M. Sotile
and Mary O. Sotile

Japanese translation rights arranged with
John Wiley & Sons, Inc.
through Japan UNI Agency, Inc., Tokyo.

Taishukan Publishing Co., Ltd.
Tokyo, Japan. 2000

はじめに

今日、私たちは、前の世代にくらべて、はるかに多くのものを人生に期待するようになっています。仕事、家族関係、そして個人としての充実を求めて、成功も健康も幸福も全て手に入れようと奮闘しているのです。多くの人にとって、仕事、家庭、個人として生活のバランスをとっていくことが、大きな課題となっています。

「あれもこれもしなければならない」というような忙しいペースの日常において、快適なバランスを見つけてくらしている夫婦は数少ないのが現実です。アメリカで、主婦が外に働きに出ずにすむ経済的余裕がある家庭は一五%にも達しません。いまや、いろいろな役割と仕事をこなしながら、週に合計八五～一一〇時間も働くのが普通になってしまったのです。

このように、私たちは、人生に対する高い期待をもち、たくさんの役割をあれもこれもとこなし、異常なレベルのストレス、疲労、緊張を抱えながらもなんとかサバイバルする能力を身につけた、スーパーマン／ウーマンになっているのです。しかし、めまぐるしい毎日に伴うストレスと格闘しているうちに、多くのスーパーマン／ウーマンが、夫婦関係を犠牲にしてしまうような行動パターンをとるようになっていきます。これがスーパーカップル症候群とよばれるものです。

スーパーカップル症候群の夫婦は、ビジネスや仕事上で自分たちが成功してきたのと同じアプローチ（つまり、何ごともコントロールする、人と競争する、完全を目指す、能率第一で行動する、など）を、夫婦関係にも適用しようとして、失敗してしまいます。そして、夫婦関係がうまくいかなくなると、ストレスに弱くなり、ついには燃え尽きて家族も仕事も放りだしたくなってしまいます。なかには三つのＤ（Drained－疲労こんぱいし、Downsized－リストラされ、Divorced－離婚してしまう）の憂き目を見る人もいます。

しかし、今日のカップルのすべてがスーパーカップル症候群に陥っているのではありません。長く幸せな関係を保っている夫婦は現実に存在しています。このような夫婦は、互いが外の世界からのシェルターとなるような深いつながりを持ち、同時に、互いの間に適切な境界を引いているのです。そして、一緒に楽しむ時間を持ち、互いをケアしあい、毎日の生活における互いの貢献について感謝しあっています。――このような夫婦は、ストレスに破れてしまったスーパーカップルとどのように違うのでしょうか。このような関係を作りだす秘訣は何なのでしょうか。

私たち（筆者）はこの問いの答えを探すために、過去二〇年間研究を続けてきました。また、夫婦／家族療法と医療心理学の分野のセラピストとしてこれまで五〇〇〇組以上のカップルを個人的にカウンセリングしてきました。私たちのワークショップや講演への参加者は数千名以上にのぼります。

私たちの研究と臨床経験の集大成が、本書で紹介する「夫婦のためのストレス克服プログラム」です。このプログラムは、九つの簡単なステップで、夫婦関係のスタイルを変えることを可能にします。このプログラムを活用することにより、スーパーカップル症候群を克服することができるのです。

この本に掲載されているケースは、すべて私たちの行ったカウンセリングからの実例です。クライアントのプライバシー保護のため、事実関係は変更されています。

目次

スーパーカップル症候群

Supercouple Syndrome

第1部 スーパーカップル症候群とは

1 スーパーカップル症候群とは

それぞれのカップルにより細かい事情は異なりますが、今日のカップルが抱えている問題は似通っています。

❖ケース①別離――カレンとジョン

カレンは自分の恋愛が再び失敗に終わってしまったことを話しながら泣きじゃくっていました。「私の恋愛って三年以内には全部終わってしまうのです。男の人は、『僕はもう少し自由がほしいんだ』と言って私のもとを去っていってしまう」

「ジョンとだって精一杯努力したつもりです。何故、続かないのかしら。私が二人の子持ちだということが彼にとっては大きな障害なのかしら。」

「でも、私、がんばって乗り切ってみせます。これまで、離婚も乗り越えてきたし。父親が死んだ時も、仲の悪い母親が近くに引っ越してきた時だって、自分の力で何とか乗り越えたのですから。今回だって、きっと大丈夫。」

カレンが同席していないカウンセリングでジョンはこう言いました。

「カレンに子どもがいることは、全然問題だと思っていません。彼女の子どもたちのことはとてもかわいいと思う。」

「問題は子どもたちじゃなくて彼女なのです。彼女はまるで二重人格のようです。とても優しくて親切で、自分を犠牲にしても人を助けようとするところがある反面、回りの人に対するライバル心が強すぎるところがあって、そこが僕には我慢できないのです。自分の回りの人全部と競争しているみたいに、ともだちや親戚の悪口を言うのです。自分が一番ストレスが多くて、自分が一番忙しくて、自分が一番苦労しているということを示そうとするのです。ヘンな競争心だと思います。」

「最初の二年間は良かったのですが、ここ最近、関係は最悪でした。彼女と話し合おうとしましたが、いつも堂々めぐりで、全然話にならなかったのです。」

❖ケース②葛藤——ブルースとマーシャ

マルコム夫妻が結婚した時、二人はそれぞれのキャリアで大変重要な時期を迎えていました。ブルースは、法律事務所で共同経営者になったところでしたし、マーシャは父親の不動産会社を継ごうとしている矢先でした。結婚から八年後、二人目の子どもがうまれる頃には、年収はふたりあわせて三八万五千ドル（約四二〇〇万円）にもなり、ふたりはどこからみても大成功の夫婦のようでした。それぞれが、週に五〇～七五時間も勤務しつつ、互いの仕事に対して敬意をもち、育児や家事をやりくりしながら協力しあっている様子でした。

しかし、表面上はすべてがうまくいっているように見えても、内実は必ずしもそうではなかったのです。私たち（筆者）のクリニックにカウンセリングを受けにきたとき、ふたりは一年半も性生活がありませんでした。マーシャがなぜか、セックスに対して全く興味を失ってしまったというのです。「僕には何がなんだかわけがわからないんです」と、ブルースはひどく残念そうに言いました。「僕たちはほんとうに熱々の夫婦だったんです。お互い、昔の結婚相手とはセックスがうまくいかなかったもので、セックスの相性がいいってことが、この結婚では大きな魅力だったはずなんです。…マーシャ、キミ、一体これはどうしたわけなんだい？」

マーシャは、皮肉な表情を浮かべて答えました。「わたしにだってわからない。…でも、あなたが私に、どんなふうに生きるべきか、どうお金を使うべきか、どう子どもを育てるべきか、どんなふうにセックスをするべきなのか…、いちいち指図してくることが、ほとほと嫌になったのかもしれないわ。あなたって、これまで出会った誰よりも、他人をコントロールしたい気持が強い人間なのよ。」

マーシャはブルースに対して、言い尽くせないほどたくさんの不満を持っているようでした。例えば、マーシャが運転している時、助手席のブルースが、どの車線が一番速そうだから変更しろなどと干渉してくる。マーシャが話しかけているのにそれをじれったそうにさえぎって早く会話を終わらせようとする。一つのものごとに集中せず、家族と一緒に朝食をとる時も、手帳でその日の予定をチェックしたり、新聞にチラチラと目をやったり、朝の株式ニュースに耳をそばだてたりしている、など。

ブルースは、妻の批判を聞いて、鋭い口調で言い返しました。「キミだって、いつもセカセカしているじゃないか。どこにいても何をしていても落ち着かないんだ。家にいれば会社のことが気になってしょうがない、会社にいれば家のことを心配する。確かに、ボクは人に対して押し付けがましいかもしれないし、一度にいろんなことをしようとするかもしれない、それは認めるよ。でも、少なくともボクは家族との時間を大切にしようとしている。キミは、週に四五時間しか働いてないと主張するけれど、ゆっくりしているのを見たことがないね。会社でも家でも働きづめだ。働いて働いて、人生も結婚も台無しにしてしまっているんだ。」

❖ケース③不安と希望――マイクとベル

投資銀行のエリート行員として六年勤務した後、マイクは突然の解雇を言い渡され、大きなショックを受けました。リストラにより、マイクのしていた仕事は外注に出されることになったのです。輝かしい成功続きの人生で、マイクにとって、はじめての失業と挫折でした。ベルは、それより四年前に、息子の育児に専念するため、マーケティングのキャリアを中断して、専業主婦になっていました。

家計が不安定になってしまったため、二人はこれからの生活をどうするかについて話し合いを始めました。ひとつの選択は、今のライフスタイルを縮小していくことでした。購入したばかりの自宅を売ろうかとも考えましたが、結局それは止めることにしました。やはり自分たちの家に愛着がありましたし、そこで子どもを育てたいという気持が強かったのです。ベルが復職したらどうか、ということも話し合いましたが、息子が小学校に入学するまではやめたほうがいいだろうという結論になりました。この時点では、マイクが新しい仕事を見つけるまでにさしたる時間はかからないだろうと、二人とも楽天的に考えていたのです。実際には、マイクの職さがしは一年と二ヶ月もかかってしまいました。その間、ベルは二番目の子どもを妊娠しましたが、健康を損ね、三ヶ月寝込んだ末に、流産してしまいました。

マイクがやっと就職先を見つけた時には、二人は貯金を使いはたし、親から二万ドル（約二二〇万円）の借金をしていました。それでも二人の表情は明るいものでした。「僕たちは、この危機を、自分たちなりに納得できるやりかたで乗り切ってきたのです。妻のことを僕はとても誇らしく思っていますよ。彼女は戦うことを決してやめない勇敢な兵士のようです。流産のことや、今の僕たちの厳しい家計のことを考えると悲しい気持ちにはなります。でも、この新しい仕事に慣れてきたら、また子どもを作ろうと思っています。お金だって、仕事でがんばってどんどん稼ぎますよ。この仕事は、僕にとって、すばらしいチャンスなんです。」

一方、ベルが心配していたのは、家計や次の子どものことよりも、マイクの新しい仕事がマイクに与える影響のことでした。ベルによれば、マイクは仕事中毒になりがちな傾向がありました。「マイクは他人よりも多く働くことによってしか自分は成功できないと考えています。自分のもってうまれた能力に自信がないのです。仕事が少しでも残っていればリラックスすることができないのです。そして仕事というものは際限なくありますからね。」

「マイクは、以前、仕事のストレスで、家に帰っても常に不機嫌で怒ってばかりいる時期がありました。当時は、週に九〇時間以上働いていました。マイクがあまりにも仕事のことばかりにとらわれていて不機嫌だと私まで疲れきってしまうのです。家にいるときでも彼はリラックスしないのです。今度の仕事がまたマイクをそのような状態にしてしまわないかと心配です」

「でも、彼が常にできるだけ努力をしようとしているのはよくわかっています。マイクは子どもにとって良い父親ですし、私のことも本当に愛してくれています。それに、知りあいの夫婦と比較しても、私たちはかなり生活を楽しんでいるほうだと思います。『火曜の晩は楽しもう』というルールを作ってそれを守っているのです。このルールは、マイクが仕事中毒で常に不機嫌だった頃に、ふたりで決めたのです。同じ頃、私はマイクに、家に帰っても怒ってばかりいるのなら結婚を解消するわ、と言い渡したのです。マイクが性格を変えなければ、子どもも作らないと宣言しました。するとマイクは、変わるための努力をしはじめたのです。」

「マイクは、仕事から離れる時間を作ること、そして転職することを約束し、実行してくれました。昔のことですが、このようないきさつがあるので、今回の仕事が彼にどのような影響を与えるのか不安なのです。」

「でも、火曜のリラックスタイムがあるから、なんとかやっていけそうだと思います。いままでも私たちは数々の困難を乗り越えてきました。今回もきっと大丈夫だと思います。」

❖今日の典型的な「スーパーカップル」たち

いろいろな意味でこれらのカップルは今日の典型的な例だと言えるでしょう。彼らは、いくつもの役割をやりくりし、複雑な家族関係とたえまないストレスに耐えている、「スーパーカップル」なのです。複数の役割を持ち、非常に忙しい生活を送っているのです。

カレンは離婚を乗り越え、女手一つで子どもを育て、父の死をみとり、自分に課せられた多くの役割をこなしながら、くり返される恋人との別離に悩んでいます。

ブルースとマーシャは、それぞれが責任の重い仕事を持ち、二人の子どもの育児をしながら、夫婦関係で葛藤を抱えています。仕事で大成功をおさめる人たちにありがちなことですが、夫婦が互いのための時間をつくりだすことが難しく、その結果、夫婦関係がうまくいかなくなってしまうのです。このような夫婦はDINKSならぬTINSカップル（two incomes, no sex・収入は二つでセックスはしない）となってしまうのです。

マイクとベルは、今日の夫婦を脅かしている三つのDと、戦っています。職場におけるリストラ(Downsizing)、複数役割をやりくりしてこなしていく忙しい生活による疲労(Draining)、そして、夫婦の破局（Divorce）という三つのDです。しかし、二人は、この戦いを力をあわせて乗り切っていっているようです。経済的な困難や仕事での挫折、マイクの仕事中毒、ベルの流産など、さまざまな試練に耐えつつ、ふたりは互いに対する愛情を持続させていく努力をしています。

これらのエピソードは、今日の多くのカップルの生活を映し出しているといえましょう。現代社会に生きる私たちは、たえまないストレスの中、なんとかうまく切り抜けるよう、自分の生活をコントロールしていこうとしています。しかし、そのようなサバイバルの毎日のなか、夫婦関係が犠牲になっていく傾向がみられるのです。これが「スーパーカップル症候群」と呼ばれるものです。あれもこれもしなければという、複数役割をこなしていく多忙な生活のなかで、私たちは、寛容さと情熱と遊び心を失ってしまいます。夫婦関係はほころび、家族は暖かみを失い、創造力はひからびてしまいます。

この本では、どのようにすればスーパーカップル症候群に陥るのを防ぐことができるかについてお教えします。疲労困ぱいしたスーパーカップル症候群の患者にならずに、互いに支えあい、はげましあい、共に豊かな生活を築き上げていくカップルになることを目指しましょう。

2 スーパーカップル症候群になっていませんか

今日では、多くの人がストレスと緊張の多い生活を生きぬいていくために、次のような習慣や傾向を身につけていきます。

一．たえまなく全力で働き続ける習慣
二．他人をコントロールしようとする傾向
三．完ぺき主義
四．慢性的忙しがり病——客観的にみれば急ぐ必要がない場合にも大急ぎで物事をしようとする傾向
五．同時に二つ以上のことをしたり、考えたりする習慣
六．燃えるような競争心
七．家事と仕事を両方こなしていくスタミナ

多くの役割を果たさなければならない高ストレスの生活を持続していくために、現代社会に生きる私たちは、ストレスがかかっても感覚を麻痺させ、そのまま仕事を続ける方法を身につけていきます。やらなければいけない仕事がたくさんあり、その全てを終わらせなくてはいけないと焦るので、有能な努力家ほど、不満がつのり、苛立ち、時には意地悪になったり皮肉っぽくなってしまいます。このような生活では、自分自身の不安やストレスや欲求などで頭がいっぱいになってしまい、人間関係に関してのナルシズムがさまざまなかたちになってあらわれます。「私はストレスでこんなに疲れているのだから、あなたが私の欲求を満たしてくれて、私の不安をしずめてくれて、エネルギーを与えてくれなくてはならない。私はこんなにくたくただから、それぐらいのことを要求する権利がある。もしあなたが私の期待に応じないのなら、あなたにやつあたりするくらいの自由はあるのだ」というような態度になって現れる場合もあります。

また、いつも時間のプレッシャーに追い立てられているために、常に不安に付きまとわれる結果、回りの人に対してあまりにも鈍感になってしまう場合もあります。このようなストレス状況では、他人が自分に何をしてほしいか、自分の行動が他人にどのような影響を与えているかということが全く顧みられなくなります。この場合のナルシズムは、「私は不安でいっぱいで、苦しんでいる。だからあなたのことや、あなたが何を必要としているのかに気がまわらない」という態度として現れます。

こんな風に考えてみましょう。あなたがゆっくりとしたペースで——例えば時速三〇～四〇マイル（時速約五〇～六〇キロ）で——車を運転しているとします。あなたは多分同乗者に対して親切で思いやりのある言動をするでしょう。「快適ですか？暑すぎませんか？寒すぎませんか？ラジオをききますか？」と尋ねたり、車中でのおしゃべりを楽しんだりするでしょう。

しかし、もしあなたが時速一二〇マイル（時速約二〇〇キロ）の高速で車を運転していたとしましょう。もはやあなたは、同乗者が快適かどうかなど気にする余裕がなくなってしまうでしょう。自分の前方だけに注意を集中していなくてはならないからです。

あなたの生活が、このような永遠に続く自動車レースのようならば、あなたの夫婦関係には避けられない犠牲が伴うでしょう。例えば、

・もしあなたがたくさんの仕事や役割をこなすためにいつも疲れきっているなら、あなたは夫婦関係にいきいきとしたエネルギーを注げなくなってしまうでしょう。

・もしあなたがパートナーをコントロールしようとしているなら、パートナーはあなたに干渉されるのを恐れて本音を打ち明けるのをやめてしまうでしょう。

・もしあなたが完ぺき主義になっているなら、あなたの批判がましい態度はパートナーを遠ざ

けてしまうでしょう。
・もしあなたが常に時間に追い立てられて慢性的な忙しがり病になっているなら、あなたの大切な夫婦関係はなんらかの形で損なわれてしまうでしょう。
・もしあなたが同時にいくつものことをしたり、考えたりしているなら、パートナーはあなたが十分な注意を振り向けてくれないと思うでしょう。
・もしあなたが過度に競争心をもてば、パートナーは批判されることを恐れてあなたと一緒にいることを避けるでしょう。
・もしあなたが短気になっているなら、パートナーはあなたのそばにいてくつろげず不安を感じることになるでしょう。
・もしあなたがいらだちや敵意をあらわにするなら、パートナーは心を傷つけられるでしょう。

ストレスの大きい多忙な生活が、あなたの夫婦関係を、なんらかの形で損なっているでしょうか？あなた自身の評価、パートナーのあなたに対する評価それぞれについて、次の質問に答えてみてください。以下の項目に1～5であてはまるものを選びましょう。
1．決してそんなことはない　2．たまにそうである　3．時々そうである　4．しばしばそうである　5．常にそうである

・時間に追われている
・短気である
・完ぺき主義である
・敵意をもっていたり、皮肉めいた見方をする
・他人をコントロールしたい気持ちが強い
・競争心が強い
・仕事に夢中になり他のことが目に入らない状態である
・すぐにかっとなる
・いらつきやすい
・同時に二つ以上のことをしたり考えたりする

このチェックリストは、あなた自身を理解し、あなたのパートナーとの類似点・相違点を検討するためのもので、あなたの足りない点や悪い点を指摘したり確認したりするためのものではありません。

チェックリストの回答を点検してみましょう。あなたの自己評価と、パートナーのあなたに

対する評価との間に何か食い違いが見られたでしょうか。私たちは、自分が他人に対してどのような影響を与えているかについてしばしば不正確な認識を持っているものです。自分のことを客観的に見るのは大変難しいのです。

❖がんばっている人たちのジレンマ

物事をコントロールできないと感じると、がんばり屋で真面目な完ぺき主義者ほど、極端に走りだします。コントロールを取り戻そうと必死になる過程で、きちんとした人は強迫的になり、怒りっぽい人は敵意の固まりになり、心配症の人はパニックに陥り、勤勉な人は感覚麻痺の仕事中毒になります。

もしコントロールを取り戻すことができなければ、疲労困ぱい状態となりエネルギーが枯渇してしまいます。このような一種の受け身の状態では、夫婦関係から快適さと親密さが失われていきます。そして、夫婦は互いに対する恋愛感情や情熱を失うにまかせることになります。会社のリストラの明らかな結果は、職場でのやる気を失わせてエネルギー枯渇状態に陥れることですが、もうひとつの隠れた結果は、同時に寝室にもエネルギー枯渇の症状があらわれることです。

夫婦関係や人間関係の問題は、野心的で競争心が強く、時間に追われている人たちにとって厄介で扱いにくい問題です。なぜなら、そのようなライフスタイルそのものが夫婦関係に緊張をもたらしてしまうからです。また、常に多忙であるならば、他人との人間関係を避けるいい口実になります。スーパーカップルは時間をかけて互いを理解しあう努力をしないので、親密な関係にともなう複雑な感情と対峙することを学んだり、それについて自信を持ったりすることができないのです。

❖かつての優しさはどこへ

夫婦関係の親密度をはかるのにはいろいろな方法があります。

・どれくらい愛情のこもった優しい行動をするか
・どれくらいジョークを飛ばして笑いあうか
・どれくらい互いのよい点をほめるか
・どれくらい他人の前で自分のパートナーをほめるか
・どれくらいセックスをするか

・どれくらいふざけあうか
・どれくらい会話の間、互いの目をみつめあうか
・どれくらいちょっとしたプレゼントなどで相手を驚かせたりするか
・どれくらい相手に「おねがいします」「ありがとう」「ごめんなさい」を言うか

時の経過につれて夫婦の親密さはどう変化していくのでしょうか。恋愛は無限の親密さに彩られた楽園からはじまります。ふたりとも、自分の夢を全て叶えてくれる人を見つけたと信じているのです。自分の満たされていない可能性が引き出され、自分に欠けているものが相手によって補われ、この恋愛で、互いの人生がより完全なものになると感じるのです。「私は内気だけれど、あなたはとても外交的。／あなたは仕事熱心だけれど、私は遊びが好きで、人の世話をやくのも好き。／私は短気だけれどあなたは落ち着いている。きっと、この至福の時は生涯続き、互いに人生のシェルターとなるような安らかな関係になれるはず。」

関係の初期には、これ以上愛せないというほど愛しあい、愛情をいっぱいにそそぎます。互いにしか分からないニックネームで相手を呼んだり、特別な日には心のこもった贈り物を贈ります。常に相手のことを気にかけて、愛情こもった態度で接します。

恋愛の第二段階は、ちょっとした下降期となります。関係が安定して結婚するカップルもい

るでしょうが、その後に親密さが下降していくのを経験するでしょう。まるで「さあ、もう仕事にもどらなくては。いつまでもこんなにいちゃいちゃしているわけにはいかないんだから」とでも言うように。また時の経過にともない、互いに抱いていたイメージと、実像とは、かなりギャップがあることに気付きはじめます。そして地滑りのように幻滅が始まるのです。

関係が始まって四年から八年経つと、子どもが生まれ、家のローンが発生し、多忙でストレスの多い生活の中で、夫婦が互いを見失ってしまうことがしばしば起こります。以前は完ぺきに見えたパートナーに、裏切られたような気持ちになってしまいます。相手が持っているように見えたすばらしい長所も、自分の苦しみをいやしてくれるものではなさそうに思えてきます。

次に悲劇がおこります。失望のあまり多くのカップルが、関係を解消してしまうのです。例えば、前章の例のカレンのように、多くの人が短期間の恋愛の後、別離してしまいます。他のカップルたち、例えば、ブルースとマーシャのような人たちは「位置について、用意、スタート!」というようなせかせかとしたライフスタイルにはまり込んでしまいます。高いストレスに精力的に対処していく日常が、かれらの夫婦関係を形作ります。徐々に、一緒に遊んだり、笑ったり、落ち着いて会話をすることが少なくなり、スキンシップすらもなくなってしまいます。かれらは、「世の中の夫婦なんてみんなこんなもの」と自分に言い聞かせながら自分たちの行動を正当化します。恋愛や情熱は脇に追いやり、便宜的・機能的な関係を保つことにしか興味がなくなり、精神的にみじめな状態で長い間暮らしていくことになります。これが「スーパーカップル症候群」とよばれるものなのです。

❖幸せな夫婦への道

もちろん、すべてのカップルが、「スーパーカップル症候群」に陥ってしまうのではありません。夫婦のなかには、人並み外れたバイタリティーと目的意識を持って、互いに対する恋愛感情と親密さを保つために努力し、うまくいっている夫婦もいます。このような夫婦たちも、おとぎ話のような結婚生活を送っているのではありません。恋愛初期のような楽園に一生留まっていられるような夫婦はどこにもいないのです。これらの夫婦たちは、日常のストレスによって関係にほころびが生じそうになっても、なんとかやりくりして協力しあいます。カウンセラーとして、私たちは生涯にわたって恋愛感情を持ち続けたたくさんのカップルをつぶさに観察する機会に恵まれました。彼らも、互いに対する失望や倦怠期を持ちこたえ、のりこえてきたのです。

これらのカップルは、他の大多数のカップルとは違う努力をしてきました。マイクとベルのように、二人の関係に変化の兆しがあると注意を払い、自分のライフスタイルが夫婦関係におよぼす影響について、それぞれが責任を持ちました。彼らは耐え忍ぶことより変っていくことを選び、互いをこころ穏やかにするような関係を作ることに成功したのです。

「スーパーカップル症候群」に悩む夫婦たちも、第2部以降の「夫婦のためのストレス克服プログラム」を実行することによって、夫婦関係をストレスの源から元気と励ましの源へと変えていくことが可能なのです。

3 仕事中毒になっていませんか

現代人は常に時間にせかされ追い立てられています。現代社会の速いペースのなかで、夫婦関係を健全に保っていくことは、容易なことではありません。

❖現代人と時間

「時間」とどのようにつきあっていったらよいのかについて、私たちは混乱しています。なんとかうまく時間を管理しようとするのですが、なかなかうまくいきません。かつて、私たちは、自然の生物学的なリズムにしたがってゆっくりとしたペースで生活していました。今日では、気狂いじみたテクノロジーのリズムにしたがって生活しているのです。生活に常に侵入してくるコンピュータ、ファックス、テレビ、携帯電話などの音。これらの機械は本来、私たちの時間を節約するためのもののはずなのです。しかし、実際には、このような機械によって私たちの生活のペースはますます速くなり、こなさなくてはならないたくさんの用事によって常に追い立てられているのです。

医師であり、オメガ・ホーリスティック研究所の創立者であるステファン・ラクトシャフェン氏は、このような警告をしています。「例えば、車から降りてオフィスに向かって歩いている時や、子どもたちをダンスのレッスンに連れて行く時などのすきまの時間を、多くの人がまるで競争でもしているように気ぜわしく走り抜けます。現代人は…お金や地位を求めようとするあまりに、人生の大部分は平凡なことの積み重ねであるということを忘れています。そして、その平凡こそがすばらしいものであり、長い目で見た時に、人生でもっとも意味あるものなのです。」しかし、私たちは、次の仕事に早くとりかかろうとして、その平凡な時間を満喫することはほとんどありません。

❖家族と過ごす時間

時間は、家族にとって、大きな混乱と怒りの原因となります。多くの忙しい現代人にとって、家族と過ごす時間は、他のいろいろな用事をさまたげるものとして認識されています。特に中流階級以上の人たちの間では、家族のひとりひとりが忙しいスケジュールのもとに動いていて、そのスケジュールが噛み合うことはめったにありません。「私たち家族はみんなバラバラの時間で生活しています。まるでオーケストラの全員が違うリズムにあわせて違う音を弾いているみたいに。そして、ひとりひとりがとんでもなく速く演奏しているのです。」しかし、家族の関係は、一緒に過ごす時間を通して形づくられていくものです。ですから基本的には、家族で過ごす時間がなければ、家族は存在しないとすら言えるのです。

あなたはどれくらい、夫婦関係のために時間を使っているでしょうか。関係を育てていくためには、ミッシェル・リタマン博士の言うところの「ただ一緒にいる、一緒にいて何となく対話をする、触れあいを持ってその心地良さを感じる…というような、非効率的な時間」を共にすごすことが必要なのです。

多くの人は、めまぐるしい生活の疲れから回復しようとして、忙しい日常の合間を見つけては無気力に過ごしているようです。仕事をしていない時間の四〇％は、テレビの前でぼんやりするか、自分の多忙さについて怒りをはきだすために使われているという統計があります。アメリカの共働きの夫婦は平均して一日二〇分しか一緒にすごさないのです。これは現代人にまん延している仕事中毒が原因です。

❖なぜ仕事中毒になるのか

私たち（筆者）のところにカウンセリングを受けにくる人で、自分の仕事について語らない人はひとりもいません。仕事は現代人の大きな強迫観念となっているのです。

仕事はいろいろな意味で人々のニーズや欲求を満たしてくれるものですが、同時に人を奴隷にしてしまうものでもあります。仕事は、人生の意味とアイデンティティーを与えてくれ、権力欲や生活の安定を求める気持ちを満たしてくれます。精神の昂揚や未来への希望を与えてくれることもあります。ある人たちにとっては、仕事は、内面の不安感や抑うつから目をそらさせてくれ、自分のこの世における価値を証明してくれるものです。また、多くの現代人にとって、仕事の同僚たちは、親戚・近所の人たち・教会などに替わる役割を果たすものです。職場が人間関係の全てになってしまっているのです。

一方で、私たちは、今勤めている会社に一生勤め続ける可能性は低いと意識させられています。リストラの不安に対処するためには、人に頼ることなく自分の技術を磨き、他人の仕事も覚え、会社にとってなくてはならない人材となり、がむしゃらに仕事をするしかない、というアドバイスが流布しています。つまりは仕事中毒になれということです。

何人かのマネジメントの権威は、「寸暇を惜しんで働く仕事中毒になることこそが成功の秘訣だ」と提唱しています。例えば、コンサルタントのマーク・マコーミックは、「朝刊などを読んで時間を無駄に使うべきではない」と主張しています。

よりひどいのは、人気の高いマネジメントの専門家である、トム・ピーターズです。

「大多数の成功者たちは…家族との休暇や、子どもの草野球や誕生日の食事などを全て放棄し、ガーデニング・読書・映画など趣味の時間も持たず、昼夜を問わず、週末返上で働いているのです。私生活と、有能なプロフェッショナルとしての職業生活が両立するのかという質問をしばしば受けますが、私たちの答えはノーです。仕事で卓越するためには、そのための時間と集中力が必要なのです。」

多くの人がこのようなアドバイスを心にしっかりと刻みつけます。仕事中毒は私たちの生活ではもはや普通のこととなってしまいました。一九九〇年の『フォーチュン』誌の会社社長に対する調査によれば、回答者の六二%が、一〇年前と比較して、勤務時間が長くなったと答えています。また、回答者の四五%が週に六〇~六九時間働いているという結果になりました。『働き過ぎのアメリカ人（The Overworked American）』の著者であるジュリエット・ショーは、一五年前に比較してアメリカ人労働者は、平均して年間一六三時間も多く働いていると報告しています。これは一年に一ヶ月余分に働いているのと同じ計算になります。

概して、私たちは以前よりも多く働き、遊びに費やす時間は少なくなりました。平均的なアメリカ人は(一年を通して)二週間しか休暇をとりません。一九九五年のヒルトンホテルマーケティング部門の面接調査によれば、回答者の三八%が一年以上休暇を取っていませんでした。また、実際に休暇を取った人たちの二七%が、休暇中も仕事のことが心配だったと答え、一九%が、仕事のことを考えてばかりいたと報告しています。一三%の人は、実際に仕事を休暇先に持っていきました。

❖新しいかたちの仕事中毒

これまであまり注目されてきませんでしたが、何百万もの男女が、新しいかたちの仕事中毒で苦しんでいるのです。これらの仕事中毒患者たちは、長時間会社に居残っているわけではありません。会社外でも家事、育児、地域活動などさまざまな役割をこなしながら、あくせくと、超人的に働いているのです。

この新しいタイプの仕事中毒にもっとも苦しんでいるのが、仕事を持っている母親たちです。彼女達は、いろいろな役割を果たしながら、平均して週に六五時間から九五時間も労働しているのです。『第二のシフト(The Second Shift)』の著者であるアーリー・ホッシルドによれば、家事代行者を雇うほどの経済的余裕のない働く母親たちが、現代人のなかで最も追い立てられている人たちだと指摘しています。ホッシルドによれば、多くの役割を背負っている現代女性は、一世代前の女性たちよりも、一年に一ヶ月分多く働いているということです。

現代の多忙なカップルたちの最も不幸な過ちは、自分たちが日々なしとげていることがいかに超人的な行為であるか気づかずにいることです。超人的な行為にはゴミ出しや税金の管理、家族の誕生日を覚えていること、機械の修理を依頼すること、その他何百もの平凡な労働が含まれています。人は自分の努力を多少なりとも認めてもらえれば、驚くほど元気になれるものです。しかし、感謝されることなしにただあくせくと働いていれば、意気消沈してしまいます。ですから、超人的ともいえる日々の努力を互いに気づき、認めあえるようにしたいものです。

❖あなたは仕事中毒?·あなたのパートナーは?

・常に急いでいる。
・いつも忙しくしていたいという欲求がある。
・他人の行動をコントロールしたいという過度な欲求がある。
・完ぺき主義である。

・人間関係が苦手である。
・仕事にとりつかれたように熱中する時期と、引きこもり・不安・うつ状態の時期を定期的に繰り返す。
・リラックスしたり、楽しいことをしたりすることができない。
・仕事への熱中や、仕事による疲労のため、日常生活の細かいことに気が回らない。
・我慢することができず、すぐにイライラする。
・働いていないと不安になる。
・仕事第一で自分自身のニーズや欲求を無視する。

以上が、仕事中毒の専門家、ブライアン・ロビンソンによる、仕事中毒の症状のリストです。あなたは仕事中毒にかかっていませんか?あなたのパートナーはどうでしょうか?どれくらいあなたとあなたのパートナーにあてはまるか、考えてみてください。以下の項目に1～4であてはまるものを選びましょう。(その際、「仕事」を職場での仕事に限定せず、いろいろな生活の局面における役割や責任の総計と考えて、質問に答えてください。)その後で、あなたとあなたのパートナーそれぞれの得点を総計してください。

1. 全然あてはまらない　2. 時々あてはまる　3. しばしばあてはまる　4. 常にあてはまる

①人に助けを求めるよりも自分でやってしまうほうが好きだ。
②人を待ったり、順番を待っているとすぐにイライラする。
③いつもせかせかと急いでいる。
④何かをしている途中で、中断されるとイライラする。
⑤いつもいろいろな仕事を同時に手がけている。
⑥二つないし三つのことを同時にしていることがある。例えば、昼食を食べながら電話をしてメモをとる、など。
⑦自分の力に余ることでも引き受けてしまう。
⑧何か仕事をしていないと罪悪感を持ってしまう。
⑨自分の仕事の具体的な成果が見えることがとても大切である。
⑩仕事のプロセスよりも最終的な結果のほうに興味がある。
⑪物事の進行が遅くていらいらすることが多い。
⑫物事が思った通りにいかないと、かんしゃくをおこしてしまう。
⑬相手がもうすでに答えを言ったにもかかわらず、うっかり同じ質問をくり返し聞いてしまうことがある。

⑭今現在のことについて注意をはらわず、未来の計画をたてたり考えたりするのに時間を多く費やしてしまう。
⑮同僚が仕事を終えて帰宅した後でも、残って勤務していることが多い。
⑯他人が仕事を完ぺきにしないと腹がたってしまう。
⑰自分の力でコントロールできない状況に置かれると腹がたつ。
⑱自分で締めきり期限を決めて、プレッシャーを自分にかける傾向がある。
⑲仕事をしていない時に、リラックスしようとしてもなかなかリラックスできない。
⑳友だちと遊んだり、趣味やレジャーを楽しんでいる時間よりも、働いている時間のほうが長い。
㉑何かプロジェクトがあると、計画や段取りがすべて決定されていなくても、すぐ手をつけてしまおうとする。
㉒たとえ小さい誤りでも、自分を許せないほうである。
㉓パートナーや友だちなどとの人間関係についてよりも、仕事のことについて考える時間やエネルギーのほうが多い。
㉔家族との行事(例えば、誕生日・記念日・休暇)のことを忘れたり無視したりしがちである。
㉕前もってよく考えたり、事実を調べたりせずに、重大な決断をしてしまうことが多い。

〈得点〉
25〜56＝仕事中毒ではない
57〜66＝軽度の仕事中毒である
67〜＝重度の仕事中毒である

〈留意点〉
・あなたがたそれぞれは、自分と相手の「仕事」をどのように定義しているでしょうか
・自己評価と相手による評価でどのような類似点、相違点があるでしょうか

◈仕事中毒がひきおこす三つの精神状態

現代社会に生きる私たちが抱えている仕事の量とペースは非常に極端なものです。いくつもの役割を果たし、仕事ではリストラの不安をかかえ、常にせかせかと忙しくしている私たちの多くが、「タイプA」の行動パターンをとるようになります。より短い時間で、より多くのことを達成しようと、懸命に自分を追い立てたり、世の中は無能な人間ばかりの敵意に満ちた場所であるなどという世界観を持ちながら苦闘するのが、典型的なタイプAの人間です。誰でも

極端なストレス状況におかれれば、少なくともいくつかのタイプAの特徴を示すようになります。タイプAの人間は、次の三つの精神状態――「スーパーマン／ウーマン」、「劣等感」、「怒り」の状態――を行きつ戻りつすると言われています。

✣「スーパーマン／ウーマン」の状態

大部分のスーパーカップル症候群の人たちは、この状態で最も多くの時間をすごします。いくつもの役割・仕事・プロジェクトを抱え、私たちの生活は拡張しつづけています。このような生活を続けていくうちに、私たちの感覚は麻痺し、超人的なレベルの責任と仕事を当たり前と思うようになります。ひとつの目標を達成したら次の目標へと進み、ひとつの仕事を完成したら次の仕事にとりかかる、という具合です。努力を惜しまず、高い効率と倫理基準を持ち、目標を達成するべく時間を管理していきます。そして、その過程で身体的・精神的過労に気付かなくなってしまうのです。感覚はますます麻痺し、究極的には、何もかもが嫌になってしまう燃え尽き症候群のようになったり、ちょっとした挫折や批判にも耐えられないほど神経が過敏になってしまいます。

このような生活を続けていると、何が普通なのか、見当がつかなくなってしまいます。女性大学教師に対する調査は、このことを如実に示しています。彼女たちは、家庭と職場であわせ

て週に八六～一〇七時間も労働しているのに、自分では働き過ぎだとは思っていないのです。調査を担当した研究者によれば、

「彼女たちは、自分が働き過ぎているという自覚がないのみならず、自分のいくつもの役割を不平を言うことなく受け入れることが当然であると認識していました。女らしくあること、仕事で成功すること、よい母親であること、幸せな妻であること、この四つを全て満たすことは可能だし、またそうするべきだと感じていました。」

✣「劣等感」の状態

スーパーマン／ウーマンの鎧《よろい》にひびが入った時に、劣等感がわきあがってきます。目標が達成できなかったり、不合理と考えられる感情を体験したり、「理想の自分＝スーパーマン／ウーマン」になれていないと感じた時、劣等感を感じるのです。

個人としての自立と、人とのつながりとのバランスをとろうとする日々の苦闘において、劣等感を経験するのはある程度不可避と言えます。男性は、独立と強さの仮面がはぎとられ、男らしくないとされている不安、悲しみ、恐れを感じた時、劣等感を抱きます。女性は、あれもこれもとたくさんの役割をこなさなければいけない生活によって、パートナーとの関係が貧しいものになってくると、劣等感を感じます。たくさんの役割を担っていることによる重圧は、

女性たちの人間関係と健康を損ねています。例えば、女性の医者は、男性の医者と比較して四〇%も離婚する率が高いのです。また、女医は非専門職の女性と比べて平均して一〇年も寿命が短いことが報告されています。

このように、多くの役割を抱えて忙しく、ストレスの多い今日のライフスタイルは、男性女性双方に、いろいろな形で劣等感を持たせているのです。この劣等感は、非常に堪え難いものなので、多くの人はこの状態を避けるべく、他の二つの状態のどちらかに移行します。「スーパーマン/ウーマン」の状態に戻って忙しさの中で自分を紛らわすか、「怒り」の状態へ移り、パートナーを攻撃するかです。このように、劣等感や自己不全感を持つことにより、男性も女性も、「スーパーマン/ウーマン」の状態と「怒り」の状態との間を、たえ間なく往復するようになってしまうのです。

❖「怒り」の状態

「怒り」は、「劣等感」に比べれば、まだ耐えやすく苦痛が少ない感情です。多くの人にとって、パートナーは、怒りのはけ口にしやすい相手です。夫婦関係から親密さや思いやりが失われ、いまやストレスの源となっていることに対し、怒りをぶつけあいます。

カウンセリングにおいても、この種の傷つけ合いがいろいろな形をとって現われます。

「私たちが生活を十分に楽しめないのは、あなたがもっと野心的に働いて出世してくれないからよ。友だちを見て。あの人たちは、たくさんお金を稼いで、楽しい人生を謳歌しているじゃない。」

——一二万五千ドル（約一、四〇〇万円）の年収を稼ぐ男性の妻

「私がこんなにみじめな気持ちになるのは、いつも孤独を感じているからよ。もしあなたが、家族にもっと関わってくれてさえいたら、私たちの結婚生活だってうまくいっているはずなのに。」

——職場で週に七〇時間働いて、育児と家事に週三五時間を費やす男性の妻

「娘がおねしょをするのは、母親が外で働いているからです。母親が娘をふとんに入れ、本を読み聞かせ、寝る前に一緒にお祈りをしたりすれば、きっと娘はおねしょをしなくなるでしょう。」

——生計を支えるために不動産会社で働いている女性の夫

「妻にプレッシャーをかけてやっとひと月に一度セックスができるのです。妻はいつも疲れきっています。私が他の女性と関係を持ちたくなるのは当然です。」

——三人の幼い子どもを抱えた女性の夫。不倫が発覚した時。

現代社会では、怒りの感情をどう管理するかが大きい問題となっています。この問題については第2部・4で詳細に述べることになります。

4　変化する夫婦像

現代社会に生きるカップルたちは、これまでの夫婦たちにはなかったチャレンジに直面し、かつてない大きなストレスにさらされています。多様な役割を背負いながら、あれもこれもがんばろうとするライフスタイルの中、パートナーと愛情深くつながっていたいという欲求と、個人として自立していたいという欲求のジレンマで、カップルたちは試行錯誤しています。

今日の男女は、以前はもう一方の性の専売特許だった分野に相互乗り入れしています。女性は男性と同じように野心的で、家庭においてのみならず、キャリアを持って活躍することを求めています。しかし、女性は、仕事上の成功が夫婦関係の犠牲の上に成り立っているように見えることに困惑しています。「あれもこれも」という現代のライフスタイルのなかで、心地よい自分の居場所を得られなくて苦しんでいるのです。一方、男性は、仕事の安定と家族とのつながりが、なぜこんなにも手に入りにくいのだろうかと当惑しています。男性は、妻が自分に対して十分な思いやりと心配りを持って接してくれないことを不満に感じています。

以前、男女の役割分担は大変単純なものでした。女性の仕事は、自分を保護してくれ、生計を立ててくれる男性を見つけることでした。女性は、男性のために家を守り、食料を集め、子どもを育てればよかったのです。

以前は、中年になって初めて女性は、個人としての自立の欲求に目覚めました。子どもが手を離れ、夫が仕事で一応の成功をおさめ、家がきれいに片付けられて、はじめて妻は、個人としての自分を表現する準備が整ったように感じました。同じ頃、夫は、自己のアイデンティティーが確立して(「私はきちんとしたキャリア、適切な伴侶、適切な数の子どもを持っていて、誰も文句のつけようがない生活を築きあげた」)、中年期になってはじめて人間関係における親密さを求めるようになりました。このように、以前の女性はまず第一に人間関係の親密さを、しばらくして個人としての自立を求めました。しかし、男性は逆にまず自立を求め、人生の転換期で親密さを求めていたのです。

❖夫婦像の変化——親密な関係と個人としての自立

性革命と職場環境の激変により、以前には存在した発達的な性差に変化が起こりました。今や、若い世代は、男性も女性も、個人としての自立への欲求とカップルとしての親密さへの欲求の両方を合わせもちながら、関係を取り結ぶようになりました。今日、パートナーとしての関係がうまく機能するためには、各人が相手に対して、二つのことをしなければならなくなりました。ひとつは、相手が有能な人間であることを認め賞賛することで、もうひとつは、相手の親密さへの欲求を満たすことです。

この新しい状況では男性にも女性にも、ストレスがたまります。私たちはみな、自立した人格でありたいと願っているし、同時に他人からの思いやりや優しさも期待します。しかし、その二つの願いのバランスをとるのは、なかなか難しいことです。結婚してまもなく、互いに対する思いやりがなくなってしまったと嘆くカップルが多いのです。男性も女性も忙しさのために、パートナーを精神面で支える時間的余裕がほとんどありません。このことは夫婦に大きなショックをもたらします。

❖女性が「燃え尽きて」しまうのはなぜ

女性がストレスに強くあるためには、パートナーとの親しい関係が必要だと研究結果は示しています。つまり、親密さがなく、葛藤ばかりが多い関係のなかにおかれれば、女性はストレスに耐えきれず、何もする気がおこらなくなってしまいます。このような場合、女性は落ち込み、自分だけの世界にひきこもり、いろいろな形の痛みに苦しむことになります。

今日の女性は、健康と幸福を損なうようなもうひとつの要因にさらされています。それは、過重な仕事の責任です。女性が男性社会に進出してきたことは、良い結果と同時にあまり好ましくない結果ももたらしました。ある程度までは、男性にとっても女性にとっても、仕事への没頭と自信とは、正比例します。しかし、ある限界点を越えると、仕事への集中は男性には大きい自信を生み出しますが、女性には逆に自信を減じる方向に作用してくるのです。

✣男性にとっての家族のつながり

ウェズリー大学の心理学者ロザリンド・バーネットは、三〇〇組の共働きの夫婦を対象として、結婚している男女がそれぞれどれほど家族との生活を重視しているかを調査しました。この研究によれば、仕事上のストレスがおよぼす心理的影響に男女間で差はなく、男性も女性と同じくらいに家族の一員としての役割を重視していました。

私たち（筆者）は、多くのカップルをカウンセリングしてきましたが、現代の男性たちは、親密な家族関係を作ることに非常に関心があり、そのような関係に実際に参加していく能力も備えています。父親不在の家庭に育ったはずの世代ですが、ある男性のクライアントは、こう言いました。「僕は、テレビ番組から、いい父親であるというのはどういうことなのか学んだのです。小さいころ、テレビばかり見ていましたから。もちろん、テレビ番組に登場する家族像が、現実を反映していないことはよく分かっていました。自分の育った家庭は全然違いましたから。それでもやはり、テレビ番組に出てくる父親像は、僕に大きい影響を与えたのです。」

テレビ番組からにしろ、学校教育からにしろ、身近な女性からにしろ、今日の男性たちは、前の世代の男性たちよりも、人とのつながりに対する自分の欲求について明確に意識しているようです。とはいえ、あまりにも多忙な生活によって男性たちは疲弊してしまい、より親密な夫婦関係を作りだすエネルギーを奪われてしまっているというのが、現状といえるでしょう。

❖「家族を養って一人前」という男性像

職場での変化はそのまま私たちの寝室に影響を与えています。社会学者マーガレット・ミードはこういいました。

世界中のどの人間社会でも、若い男性たちは、成人したら女性と子どものために、食糧を確保しなければ社会の一人前のメンバーとして認められない、ということを学ぶのです。

もし、ミードの言葉が真実であるのならば、現代に生きる私たちは、深刻な問題を抱えていることになります。今日の男性のほとんどは、自分の稼ぎだけでは家族の生計を支えることができない状況にあります。このことが夫婦関係のあり方にも大きな影響をおよぼしています。

一九八七年から一九九四年にかけて、フォーチュン一〇〇〇（『フォーチュン』誌に紹介されたランキング上位一〇〇〇の会社）のうち、八五％もがリストラを行っており、毎年二〇〇万人もの従業員が解雇されています。一九九四年の『ニューヨークタイムズ』紙の調査では、対象者の四分の三が自分自身または身近な人が仕事を失ったと答えています。人員削減の荒波は、常に不安をかかえた仕事疲れの夫婦たちを生み出しています。

このような人員削減の目には見えない結果として、多くの夫婦が新しい苦境に直面するようになっています。妻が夫よりも高収入の仕事を持ち、社会でより重要な地位を得ている夫婦が増加しているのです。夫も妻も、彼女の仕事上の地位、収入、時間が、彼のそれよりも優先するようになってくると、内面の葛藤をおこすのです。

最近の調査によれば、大学出の女性たちの三〇～四〇％が、夫より高収入の職業についています。しかし過去三〇年の社会の激変にもかかわらず、伝統的性役割意識はいまだに強く残っているようです。『エコノミスト』誌によれば、ヨーロッパ人（ドイツでは八五％、デンマークでは六〇％などの幅がありますが）の三分の二以上が、家にいて幼い子どもの世話をするのは、父親よりも母親が適していると考えています。とはいえ、実際には家にいる父親の数（専業主夫）は増えており、アメリカでは、一九七五年には六一、〇〇〇人でしたが、一九九〇年には二五七、〇〇〇人に増加しています。このような性役割の逆転を好意的に見る人もいるでしょうが、大多数の人にとって、これは常識はずれであると感じられます。原始人の時代から、食糧を持ってくるのは、男性に期待された役割だったわけですから。

あなた自身が、このことに関してどのような考え方を持っているのか、模索してみることは重要なことです。あなたは、専業主夫に対し、専業主婦に対するのとは違う、なんらかの先入観や偏見をもっているでしょうか。

大多数の結婚した女性が外で仕事をせず、専業主婦である地域を想像してみてください。どんなイメージが浮かんでくるかメモしてください。

次に、大多数の既婚の男性が外で仕事をしていない地域を想像してみてください。その地域についてのイメージをメモしてみましょう。

女性たちが家にいる地域についてては、きちんと整理され掃除された家、フェンスで囲まれた庭で遊ぶ子どもたち、というポジティブなイメージを、男性が家にいる地域に対しては、より寒々しいイメージを抱いたのではないでしょうか。

私たちの文化においては、働いている男性は、責任感があり、既婚者であるという連想が暗黙のうちに存在しています。結婚していない男性は、既婚の男性よりも犯罪を犯す確率が高く、働いている男性は、多くが既婚者で責任を持って子どもを育てているという連想です。今日の社会においても、外で上手に食糧の確保をすることができない男性に対して、社会は厳しい目を向けるのです。

❖新しい夫婦の形態

現代のカップルは、新しい夫婦関係のありかたを模索しているパイオニアの世代だといえるでしょう。例えば、仕事による異動などは、共働きの夫婦とその家族に大きなストレスをもたらしています。

多くの夫婦にとって、これは複雑な問題を提起するものです。——もし、その異動を受け入れたなら、配偶者のキャリアはどうなるのでしょうか。夫婦のどちらのキャリアを優先するべきでしょうか。引っ越しは、家族にとってそれに見合う価値があるものなのでしょうか。この異動の話を断ることによって払わなければならない犠牲を、どう考えるべきでしょうか。

❖遠距離結婚

転勤に対してのひとつの対応策として、ひとりが、その任期の間だけ、家族から離れて暮らす単身赴任が考えられます。新しい任地での仕事がうまくいくのかどうか確認するために、家族全員が引っ越す前に、一時的に単身赴任の形態をとることに決める夫婦が多いようです。しかし、この単身赴任が、一時的でなく半永久的なものになってしまう家族も少なくありません。結果として二つの生活が――単身赴任者の生活とその残りの家族の生活と――別々に営まれていくことになります。

私たち（筆者）のクリニックにカウンセリングに訪れたある夫婦は、子どもが成長して家を出てしまい、単身赴任のもともとの理由がなくなってしまっても、別居生活を続けることを選択しました。この夫婦は、三五年もの間、週末だけの結婚生活を送り、遠距離結婚のライフスタイルにすっかり慣れてしまったのです。

遠距離結婚においては、コミュニケーション、家族としてのまとまり、互いに対する過度の期待などが大きいハードルとなります。夫婦があまり会うこともないので、コミュニケーションがうまくとれず、単身赴任者と残りの家族との関係が希薄になりがちです。また、夫婦がふだんあまり会わないので、会った時にはまるでハネムーンのような過大な期待を互いに対して抱きがちです。そして当然、このような期待はしばしば裏切られることになります。

✣出張の多い夫婦

ポールとスーは、結婚して一三年になります。夫婦ともに、大きな製薬会社で責任のある地位についています。ふたりともそれぞれに仕事の出張が多く、年間二一八日はホテルに泊まることになります。もちろん同じホテルに泊まることはほとんどありませんし、それどころか、同じ州に滞在することもまれです。

あまりにも出張が多ければ、家族にかかるストレスは大きくなります。出張は優雅で華々しいものと考える人は、ほとんど出張をしない人たちです。頻繁に出張をする人は、出張先での孤独感、疲労、落ち着かなさに苦しむものです。

しかし、このように出張が多い人たちは、それに伴うめまぐるしいペースや強い刺激、孤独な時間に慣れてしまいます。短時間の密度の濃い商談の後、次の仕事や会議に飛んでいく、というようなスタイルに慣れっこになってしまっているので、家庭に戻った時、夫婦としての生活の日常に再適応するのが困難になります。

❖異なった勤務時間帯《シフト》で働く夫婦

一九八〇年から一九八八年にかけてアメリカでは共働きの夫婦の割合は五二%から六三%に増加しました。今日、七割以上の夫婦が共働きだといわれています。このうち、多くの夫婦が異なる勤務時間に働いています。アリスとトムは、異なった勤務時間に働けることは、自分たちにとって好都合だと考えています。「平日、お互いの顔をあまり見れないのは残念ですが、自分たちだけで子どもたちを育てるには、これしか道はないのです。親戚もそばにいませんし、保育園に幼い子どもを預けるのはいやなんです。」

他の夫婦にとっては、勤務時間帯が異なることは、必要性にかられた仕方ない現実です。「一三年も交替制のもとで働いてきて、やっと出世できたのです。今回、深夜勤務になってしまいましたが、生活のためですから文句は言えません」

このような夫婦は、睡眠サイクル・生活リズムの相違、週末だけの結婚生活という現実に対処しなくてはなりません。夫婦ともに目覚めていて、家族生活がいとなめる時間帯を頻繁に作り出すことは、かなりの困難を伴います。

❖共同事業をする夫婦

リストラで解雇された中間・上級管理職の六人に一人は自分で小さい会社をおこします。その多くが、配偶者とともに、事業を始めるのです。私たち自身（筆者）も、夫婦でカウンセリング・クリニックと講演業を切り盛りしています。ですから、夫婦が一緒にビジネスをすることに伴う喜びもストレスも、私たちは大変よく理解できます。

一緒に仕事をする夫婦は特有のストレスに直面します。第一に、ビジネスの共同経営者が毎日同じベッドで寝ているのですから、私生活に仕事が侵入してくるという事態は避けられません。「私たち夫婦はビジネスのパートナーとなってしまって互いに対する情熱がなくなってしまいました」というのは、私たち（筆者）のカウンセリング・クリニックでは頻繁に聞かれるセリフです。第二に、共同経営者である夫婦は、ビジネスのどの領域で誰が上司なのかを決め、その領域では互いの権威を認めあわなくてはなりません。

また、仕事を一緒にしていると相手の弱点がはっきりと見えてくるものです。その結果、パートナーに対する尊敬の念を失ってしまったり、イライラしてしまうことがあります。あるクライアントはこう嘆きました。

「夫が以前大きい建築会社で働いていた時、会社内の問題についてよく不満を言っていました。でも、一緒に会社を経営するようになって、夫が自分で問題をひき起こしている面もあるということが分かってきました。例えば、秘書に不適切な指示を与えておいて、あとで彼女の仕事の文句を言うという具合にです。このようなことを自分の目で見てしまうと、夫に対してがっかりした気持ちや批判したい気持ちでいっぱいになります。もし、共同経営者にならなければ、このような夫婦間の問題はなかったでしょうね。」

✣自宅での勤務

アメリカでは、四千万人もの人々が自宅で働いています。そして一九九八年の末までにはこの数字は六千万にまで増加すると言われています。通信での勤務（テレワーク）も急増しています。政府ですら、仕事の種類によっては在宅勤務を許可しています。アメリカ商工会議所によれば、二五〇〇万人以上がビジネス用の住所として、自宅の住所を登録しているそうです。二〇〇〇年までには、アメリカ人の労働者の三分の一が自宅から通信で勤務をすると見込まれています。

自宅で勤務することによるストレスは、第一に、仕事の時間とそうでない時間の境界がぼやけてしまうこと、そして、第二に、仕事からの要求と家庭からの要求が葛藤をおこすことによるジレンマにさらされることです。

自宅での勤務は、柔軟に仕事のスケジュールが組め、通勤に何を着ようかと考えるプレッシャーから解放され、服にかかる費用も減るでしょう。しかし、自宅での勤務は、仕事が家庭生活に侵入してくるので、家族からの大きな協力と理解を必要とします。

5　スーパーカップルの典型的な悩みとは

現代の夫婦は多くの役割を抱え、あれもこれもがんばるというストレスの大きい生活を送っています。このようなライフスタイルからもたらされる緊張の結果、夫も妻も自己懐疑につきまとわれています。

「夫の言う通り、確かに私には心のゆとりや遊び心がなさすぎるのかもしれません。ただリラックスしたり、家にいて心からくつろぐということができないのです。仕事から頭を切り替えるために、アルコールの助けが必要になってきているんです。」

――アン、コンピュータ・コンサルタント

「妻が言うのが正しいのかもしれません。僕はオープンな人間ではないのでしょう。妻を愛しているのですが、当人には全く伝わっていないようです。コミュニケーションがうまくいかず、私たちはまるで違う言葉を話しているかのようです。」

——グレン、弁護士

「自分は育児に向いていないのかもしれません。僕は子どもたちを愛していて、仕事をやりくりして学校の行事にも出席しています。でも、子どもたちは、僕よりも母親のほうにずっとなついているんです。」

——デビッド、建築会社勤務

「私は野心的すぎるのかもしれないわ。他の人たちは、もっと低い収入で満足しているのに、私はどうしても満足できないのです。家族は、私が家にいることが少ないので悲しんでいます。」

——ロイス、マーケティング会社重役

男性も女性も常に大きな不安を抱えていて、この不安感が親密なつながりを持つことについて積極的になれない感情を持たせているのです。自分の内面の葛藤を大きな恥と感じ、パートナーの支えを必要としながらも、自分は親密な関係に値するのかどうかについて懐疑的な気持ちになってしまうのです。そして、不思議なチームワークが夫婦の間に発生します。それが、「求める者—避ける者の関係」と呼ばれる夫婦間の役割分担です。

◈求める者―避ける者の関係

カウンセリングに訪れる夫婦は、なんらかの形で、「求める者―避ける者」の役割に加担しています。まず一方のパートナーAが、より多くの愛情、つながり、会話、一緒に過ごす時間を求めて、パートナーBを追いかけます。パートナーBは、疲れているとか他にやることがあるなどの理由で、パートナーAを追い払い、逃げ出そうとします。パートナーAが追い求めれば追い求める程、パートナーBは、距離をおこうとします。遂にパートナーAは嫌になって追いかけるのをやめてしまいます。

すると、一時的な役割の交替が起こります。今度はパートナーBが追い、パートナーAが距離をおこうとします。この追いかけっこは最後に、避ける者と求める者の間になんらかのつながりができるまで続き、すぐにまた役割が交替します。再び、パートナーAが追いかけ、パートナーBが逃げるという元々の関係に戻ります。この現象は、二つの磁石の同じ極が、一方が近付いてくると他方が遠ざかろうとするのに似ています。

求める者―避ける者の関係は、夫婦それぞれの不安感から生じます。夫婦の間のつながりを失うことに対する不安ももちろん存在します。しかし一方で、親密な夫婦関係によって自分自身の認めたくない、知りたくない側面に直面することを不安に思う者もいます。避けようとするパートナーのなかには、この自分との直面を避けるために、仕事に逃げ込んだり、不倫をしたりする人たちもいるのです。

夫婦関係を避けたり距離を置くのは、男性側であるとこれまで一般に考えられてきました。男性は、夫婦関係に緊張が起こると、まるで機械の修理をするように問題解決のアプローチをとり、それでも上手く行かない場合には距離を置くようになるが、女性は、辛抱強く互いの関係について話し合おうとする、というのが従来の定説でした。

しかし、私たち（筆者）のカウンセリング・クリニックを訪れるカップルの中には、女性のほうが、親密さやつながりを回避しようとしている例も多くなってきているのです。今日、ライフスタイルの変化により、夫婦関係についてのアプローチの男女差を一般化して考えるのは、難しくなってきたようです。

❖男性が距離をおこうとするとき

男性が夫婦関係から距離をおこうとする場合には二つのケースがありますが、その両方のケースにおいて、「劣等感」の感情が大きく作用しています。

自分に対する妻の要求が非常に大きくてそれに応えることができず、夫婦関係は自分のコントロールの及ばない場所のように感じられた時、男性は妻との関係に距離を置くようになります。今日、職場でも私生活でも「自分の力でコントロールすることができない」と感じられる事態は頻繁に起こりますが、これは男性たちにとって、最も有害なストレスです。夫婦関係の葛藤において、事態がコントロールできないと感じられた時、夫は沈黙のなかに引きこもってしまうか、議論の些細な部分にこだわって、本当に妻が伝えようとするメッセージを無視しようとします。

ポールが、妻パトリシアとの口論の際にとる態度は、このような距離の取り方の一つの例を示しています。

パトリシア「ポールは話しあいをしている時でも、自分の聞きたくないことにはまるで耳を貸しません。私が言っていることに注意を全く向けないので、頭にきてしまいます。時々、テレビのリモコンも、雑誌も、窓もない部屋にポールを閉じ込めて話し合えたらいい、と思います。…でも、たとえそれができたとしても、きっとうまくいかないでしょう。ポールは弁護士ですから、私の言葉尻をとらえてあげあしを取るに違いないのです。…ポールと話し合っていて、私の本当に言おうとしていることをきちんと聞いてもらえたという満足感を得たことは一度もありません。全く腹立たしいことです。」

ポール「パトリシアにいつもの調子でまくしたてられたら、僕は、わなにはまった動物が何もできずに殴られているような気分です。気を紛らわすために何かしていなかったら、僕は爆発してしまいますよ！」

また、全く違う理由で、妻から距離をおこうとする男性もいます。このような男性は、人と親密な関係を結ぶことによって、自分が依存的で無能でぶさまであると感じてしまうのです。多くの男性が自分自身の矛盾する欲求に対して混乱しています。彼らは孤独になることも怖いのですが、他人に強い愛着を持ってしまうことに対しても恐怖を抱いているのです。男性のアイデンティティーは、他人からの分離・独立によって確立されるものだからです。親密な関係によって自らがあまりにも癒されてしまれば、それに対して「劣等感」の感情を抱くようになります。そこで、「劣等感」に伴う自分の居心地の悪さを軽減しようとして、関係から遠ざかろうとするのです。

サム・オシャーソンが、名著『愛との格闘（Wrestling with Love : How Men Struggle with Intimacy, with Women, Children, Parents, and Each Other）』で指摘しているように、「女性に母親のように甘やかされたいという自分の欲求を、多くの男性は、大いに恥ずべきものであると感じています。

そのため、最も愛情や支えを必要としている時に、彼らは屈辱のあまり、怒りだしたり、けんかを始めたりするのです」

男性が夫婦関係から突如引きこもろうとする時には、この劣等感の感情が裏で作用していることが多いのです。サム・オシャーソンによれば、「愛されたいとか愛しあいたいなどの欲求には劣等感の感情がつきまといます。男性たちは、自分自身が最も親密さを必要としている時に、自分の世界に引きこもってしまったり、他のことに夢中になってみたりすることが多いのです。」

❖妻たちのジレンマ

男性が関係から距離を置こうとすれば、パートナーである女性はその距離を縮めようとします。女性はいろいろな形で距離を縮めようと試みますが、それによって複雑な問題も発生してきます。

❖「ゴルフでもしてリラックスしたら?」

夫が、親密さを避けて引きこもっているように見えれば、パートナーは、それはストレスのせいに違いないと考えます。そこで、妻は夫のストレスを軽減する解決策を提案します。「あなたは働きすぎなのだから、何か趣味が必要よ。お友達とゴルフに行くような時間を作ったらどう？何かリラックスできるようなことをしてみたら」。

忙しいスケジュールのなかで、生活を楽しむ時間を作れば、夫を蝕んでいるストレスや心配事も吹き飛んでくれるのではないかと、妻は期待します。夫がリラックスする時間をもてば、夫婦関係も自然と改善するのではないかと考えます。

しかし、このアプローチにはリスクが伴います。すでに関係に対して不安を抱いていて親密さを避けようとしている夫にとって、ゴルフは、関係を遠ざける一つの便利な口実になってしまうかもしれません。また、ゴルフに入れこみ、夢中になりすぎてしまうかもしれません。夫はエネルギーを家庭以外のところで消費し、妻にはエネルギーを全く残さないので、妻の心はますます傷つけられてしまうという結果になってしまいます。

❖「夫は私がどういう人間なのか忘れてしまった」

有能なキャリアウーマンであった女性たちは、家庭の主婦としての役割を果たすため職場を去った場合に、何を諦めなければならなかったか、具体的に説明することができるものです。彼女たちは、自分のキャリアを休止させたり、昇進を断ったり、学問を中断したりなど、時間とエネルギーを家族に注ぐ妨げになるいろいろな目標を制限してきたことでしょう。

結婚の初期には、ほとんどの夫婦がこの選択を正しい選択だったと考えています。なぜなら、多くの場合、その選択は夫の希望であったのみならず、妻本人の希望であったからです。実際、成功を追い求めてきた女性たちにとって、自分の異なる面を表現できるのは、結婚生活の魅力の一つだったかもしれません。家庭を作り子どもを産み育てるということは、本能的なレベルで彼女の欲求にマッチしていたかもしれません。

しかし、結婚初期にはうまく機能していたこのような取り決めも、時の経過につれて、いさかいの原因になってしまうこともあります。年月と共に夫婦が互いの役割分担に慣れてきた頃、「求める者—避ける者の関係」が生じます。夫婦は互いを見失い、妻はこう言って嘆きます。「夫は私がどういう人間なのか忘れてしまったのです」。

クロエは、うつ病のために私たち（筆者）のカウンセリング・クリニックを訪れました。夫が彼女を軽蔑したようにとり扱うことがクロエの苦痛の原因でした。夫はクロエを、論理的思考能力がないと叱責し、部屋の整理整頓ができていないと批判しました。また、友人の前で、クロエは金銭の管理について無責任だと文句を言ったりもしました。

自信を喪失しているクロエに、カウンセラーが、いままでの人生で、自分に対して自信があった時はいつかと質問しますと、突然彼女の顔が輝きました。

「考えてみれば本当にこれは驚きだわ。夫に会う前自分がどうだったかなんて最近全く考えてみることもありませんでした。本当のところ、私だって、かなり有能で成功していたんです。有名な会計事務所で働いていて、将来を嘱望されていました。でも、女らしいとされていることをするために、つまり家庭に入るために、キャリアのほうはあきらめたんです。これはそんなに昔の話ではないのに、今や私は道に迷った子どものよう。自分の大切な一部を失ってしまったのです。夫だけでなく、私自身さえ、自分が本当はどういう人間なのか、忘れてしまっていたんです。」

❖「あんなに優しくて理解があったのに」

働く妻たちが、多くの役割をこなしていくストレスに対処するために最も重要な要素は、夫の支えと協力です。一九九〇年のローパー協会によるバージニアスリムズ世論調査によれば、回答者の六割が、仕事と家庭のバランスをとっていくには、夫からの協力が最も大きいファクターであると言っています。

結婚しても仕事を続ける女性たちは、このようなパートナーシップを与えてくれるように見える男性を選ぶ傾向があります。優しく、性差別意識のない男性を見つけた女性は、友人の女性たちの賞賛の的になります。思いやりがあり、女性の自立心に脅かされない完全なパートナーを見つけたと、友人の誰もが、そして本人も信じています。

ところが、結婚してしばらくすると、優しかった夫が変わってしまったと嘆く女性が多いのです。この変化は、現代の夫婦に関する以下のような統計にも反映されています。

・一九六八年から一九八八年の間に、女性の職場での勤務時間は二倍になった。しかし、家事や育児に費やす時間は一四%しか減少していない。同じ二〇年間に、男性の職場での勤務時間と家事・育児に費やす時間の総計は八%減少している。
・共働きの家庭において、家事と育児の八〇%を妻が担っている。
・フェミニズムの洗礼を受けた現代のアメリカ社会においてすら、女性が家族のために料理をする比率は男性の五倍、家族のための買い物をする比率が男性の五倍、家の掃除をする比率が男性の一一倍だった。そして、驚くべきことに、この統計は、家計の総収入の半分もしくはそれ以上を妻が稼いでいる若い夫婦たちにも、同じようにあてはまっている。
・異なる勤務時間帯で働いている共働きの夫婦のあいだでさえ、妻が職場にいる間、夫が子どもの世話をしている家庭はたったの一八%だった。

仕事と家庭を両立させようとしている女性の配偶者の役割を、快適に長期間こなしていく男性は多くありません。妻があまりにも自分個人の目標を追求しすぎて、夫に対するケアが十分にできなくなると、夫婦関係は危機に陥ります。キャリーとナンシーはその典型的な例です。

「キャリーとつきあい出した頃、彼は信じられないほど進歩的な男性に見えました。私の仕事の成功に脅かされないだけではなく、私のことを自慢にすらしていたのです。彼と私は本当の意味でのパートナーでした。家事も育児も、全く平等に分担していました。何度か、私がもっと家庭的な女性だったら良かったかと尋ねたことがあります。そのたびに彼は、お手伝いさんを雇ったんだからいいじゃないか、と、私の不安を笑い飛ばしてくれました。また、彼は、自分が好んで育児をしているのは、子どもに自分が育ってきたような父親不在の家庭を味わわせたくないからだと言っていました。」

「でも、最近になって彼は変わってしまいました。彼はそうは認めませんが、彼の行動から明らかです。今までのような調子で家事を分担していくのが嫌になったんだと思います。そのことを私は責められません。彼は、これまで多くの女性が悟ったこと、つまり、育児や家事はそんなにワクワクするようなものではないということを、今になって理解しただけのことなのです。」

「私はどうしていいのかわかりません。仕事をやめるのはいやです。私はこの仕事が好きですし、私たちにはお金も必要です。家事や育児を負担に思う夫の気持ちは理解できます、私だって同じようなことを感じていますから。」

「けれど、私に対する思いやりがないのは納得できません。私がどんな女性であるべきかについて皮肉な言い方をするのには、我慢できません。私たちのライフスタイルについてもう一度考え直すための建設的な議論ならかまいませんが、夫は、私を非難し軽蔑したように扱うのです。このような状態が続くなら、私は彼を愛せなくなってしまうでしょう。」

❖「なぜ私のように野心的になれないの?」

自ら選ぶ選ばないに関わらず、多くの現代女性は、夫婦関係において力のある立場にいます。家族を精神面で支えながら、家庭の収入と支出を管理し、自分自身のキャリアを持って成功している女性も多くいます。

反面、家庭で中心的な役割を果たすことができず、職場においても自分の力が十分に発揮できない状況にある男性が増えています。有能でパワフルな妻のエネルギーと要求によって夫婦関係が形作られていく時、どのような事態が生じるでしょうか。

家族に関する研究によれば、野心的で有能な妻とそれほど野心的でない夫との結婚生活はしばしば悲惨なものであるという結果が報告されています。夫婦は、互いに対する怒りと軽蔑をあらわにします。妻は、夫が金銭、時間、技術などにおいて家庭に貢献していないと批判し、夫は、妻が女性らしくなく思いやりもない、と非難します。

このようなカップルには、いろいろな形の葛藤がつきまといます。ひとつは、夫が妻のライフスタイルと足並みをそろえ、調和をとるようにするかどうかです。シェリーはこう言います。

「私がジョンのやる気のなさを非難すると、彼は困惑します。彼は年収九万ドル（約一千万円）で、勤勉に働いています。私たちの家計は一応安定していて、かなり良い生活ができています。」

「ですが、私は常に世の中の先を行き、新しい事業を起こしたいと考えています。彼は違います。彼は、今の生活に十分満足し、それ以上の向上や成功のための努力を惜しむのです。」

「もっとたくさんのお金がほしいと言っているのではないのです。私は、親からベストを尽くせと教えられてきました。ジョンは私から見ると、もう一歩の努力が足りないせいで、トップになれないのです。」

「でも、彼にはもう、このことは言わないようにしています。彼も傷つくし、私は頭にきてしまうし、結局けんかしてもどうにもならないからです。」

❖「早く新しい仕事につけばいいのに」

野心的な妻とそれほど野心のない夫の夫婦で、最も苦痛に満ちた状態は、夫が失業し、新しい仕事を見つけられない場合です。当初、夫婦双方とも、夫はすぐに新しい仕事——以前と同レベルかそれ以上の仕事——を見つけ、無職であるという状態はすぐに解消されるだろうと考えます。

しかし時間がたっても夫が仕事を得られない場合、妻は、夫の失業のストレスを吸収し、彼のプライドを守ろうとします。二人は失業に伴う不安やストレスについて、話をするのを避けはじめます。妻がお金を稼ぎ、夫がそれを管理する側にまわります。そのうちに、妻は、夫に対し何でもいいから仕事につくべきだと考え、怒り始めます。

私たち（筆者）のカウンセリング・クリニックを訪れる夫婦で、このような男女の役割の逆転を真に快適と感じる人はいないようです。どんなに進歩的な意識の持ち主であっても、夫の側が家計の収入に対等に貢献していない場合には、夫自身も妻も、強い怒りがわきあがってくるのです。ジェニーとエリックもこのジレンマを抱えています。

「エリックのプライドが傷ついているのは分かっています。彼はリストラの犠牲者であって、彼に落ち度があるのではありません。でも、二年前に解雇されてからこれまで、彼は思いつきでいろいろな計画をたてては私たちの貯金を使い果たしてしまったのです。彼は徹底的にがんばり抜くということをしないのです。もうお金はなくなっているのに、今度は新しいビジネスを始めるために、私の両親に三万五千ドル（約四百万円）の借金をしたいと言っているのです。私は、両親にそんな依頼はできません。」

「このようなことは私にとって、とても恥ずかしいことです。エリックのことを信じているし、彼にとってキャリアがいかに大切かも理解できます。私がパートナーとして協力をすることは当然だと思っていますが、だんだん彼に対する尊敬の念が失われていくのです。彼は毎朝、ネクタイをしめてスーツで外出します。彼は人脈づくりのためだと言っているのですが、私の父からみたら単にぶらぶらしているだけです。もし父がエリックと同じ状況になったら、今頃ハンバーガー・ショップで働いているでしょう。父は、私たちを養うためだったらどんな仕事でもやるでしょう。」

❖「主人がいなければ私はどうなっていたかわからない」

約四〇%のキャリアウーマンが家庭での責任を果たすために自分のキャリアコースを変更しています。また、引っ越しを伴う転職の場合九四%が、たとえそれが生活水準の低下を意味していても、妻が夫についていきます。私たち（筆者）はこのような現象を批判するつもりはありません。これらは女性の価値観を反映している、健全な選択なのかもしれません。私たちが懸念するのは、女性が夫の自尊心を満足させるために、自分のキャリアや健康を故意に犠牲にしている場合があるのではないかということです。以下は、私たちのカウンセリング経験からの実例です。

弁護士として活躍していたサリーは、法律事務所での昇進を目前に、パニック発作をくり返しおこすようになり、自分はパートで働くべきなのだという決断をくだした…。

(サリーが昇進を辞退したのは、同じ職業の夫が法律事務所から解雇を通告された直後だった。それから三年後、夫は単独で弁護士事務所を開設し、仕事を軌道にのせた。サリーのパニック発作はその頃にはすっかり止まっていて、彼女は再び弁護士としての仕事をフルタイムで再開した。)

ルー・アンは、広告会社の副社長としてのキャリアを中断したくなかったのだが、慢性的腰痛が悪化し、仕事に必要な出張に耐えられなくなり、退職を余儀無くされた…。

(ルー・アンの腰痛は、夫が会社から、別の州に転勤するか辞職するかの二者択一の最終通告を突き付けられたのと同じ頃に悪化した。引っ越しのあと、ルー・アンは一年間無職だったが、その後復職した。その頃には彼女の腰痛はかなり改善されていた。)

カレンは専業主婦で、難病に苦しんでいた。カウンセリングに訪れる前の一年半の間に、合計で三度入院し手術を受けた。「主人がこの期間中失業していたのは、不幸中の幸いでした。主人が看病をしてくれなければ私はどうなっていたかわかりません。」…。
(夫が再就職してからの二年間、カレンは一度たりとも入院しなかった。)

この女性たちが健康を害したのは、夫のキャリア上の困難や挫折とは無関係だという可能性も、もちろん否定しきれません。しかし、妻の病的な症状が、夫のキャリアと自尊心が安定するにつれて消滅してしまう例があまりに多いのです。女性は、夫の自尊心を守るために、自らの成功をも投げ出してしまうという傾向があるようです。

❖「男は『男らしく』なくては」

パートナーの仕事上の挫折に対して、前の例のような、こころ優しい反応をする女性たちばかりではありません。例えば、ジューンは、よりパワフルなパートナーを求めて、夫のもとを去りました。

「こういう行動をとるべきじゃないことは分かっているけど、仕方ないの。私はチャックとの生活が嫌になってしまいました。彼は性格は良いのですが、死ぬ程退屈な男です。私の望んでいるのは、こんな平凡なつまらない暮らしではありません。チャックは私にとってはスケールの小さい男。私の好みは、私を圧倒するようなスケールの大きい男性です。ジャロッドはとても刺激的で、彼と一緒にならば、私の理想とする生活ができそうです。経済的な面についてだけ言っているのではありません。もちろんそれも少しは入っているけれど。それに、ジャロッドは恋人としてもすばらしいし、ユーモアのセンスもあります。彼となら素敵なカップルになれると思います。正しいか正しくないかはわからないけれど、とにかくチャックとの結婚生活は終わったのです。」

◈女性が距離をおこうとするとき

前述したように、夫婦関係において相手から距離をとろうとする女性の数は増加しています。なぜ今日このようなことが増えているのかを理解するためには、「原始的なレベルで不快感をもたらすような種類のストレス下におかれた時、人は関係から遠ざかろうとする」という原則を思い出すといいでしょう。例えば男性は、自分の経済力に自信がなくなったり、女性に依存的な感情を持ち過ぎたと感じた時、劣等感の感情がわきあがり親密な関係から距離をおこうとするのです。女性にとって同じような劣等感の感情は、自分が家族に対して適切な世話をしたり、精神的な支えとなる優しさを十分与えていないと感じられた時に、わきあがるのです。

本能的に、男性は、外で一生懸命働いた後、家に帰れば優しいパートナーが自分のケアをするために待っていてくれるのを当然のことと感じています。仕事さえ上手くいっていれば、帰宅するや仕事の鎧《よろい》を脱いで、気持ちの切り替えができます。一方、妻は男性社会の職場から帰宅すれば、男性と同じく、誰かにケアしてほしいという欲求をもちます。しかし、家で迎える夫も、妻と全く同じ欲求を持っているのです。

このような場合、女性は不利な状況におかれます。夫は本音の部分で、疲弊して帰宅する妻に対して不満をもつことは正当だと感じます。また、妻自身も、疲れきってしまって夫の面倒を十分みることのできない自分に対して劣等感の感情を抱きます。妻の表面的な言動を見れば、野心的な女性が夫の身勝手な性差別に対して怒っているだけのように見えるかもしれません。しかし実際には、妻の怒りは、自分自身に対する劣等感の意識からくる防衛のポーズなのです。

このような女性が外で働くのをやめて、家庭を守る役割のみに専心したらどうなるでしょうか。昔の女性と違い、現代の女性の多くが自分自身も外の世界にでて働きたいという強い欲求を持っています。仕事をやめた妻は、今度は家族に対して完ぺきな世話をしようとがんばり過ぎてしまうでしょう。仕事から帰宅する夫を迎える頃には、妻は内面の葛藤のために疲弊しきっていて、夫のせいで自分は外で働けないのだと感じ、夫婦関係から距離をおこうとするようになります。

家族の世話をする役割がうまく果たせないと感じ、劣等感を抱くと、妻は夫婦関係の親密さを避けるようになります。夫婦関係は悪循環に陥ります。妻が距離をとればとるほど、夫に対して心くばりがなくなり、夫婦の間に緊張が高まるでしょう。そして夫婦関係が悪化するにつれて、妻は関係からより遠ざかることになるでしょう。

このような女性たちが救われ、生気を取り戻す場合があります。クリエイティブな夫が、日常と隔絶したロマンチックな時間と空間を作り出し、共に過ごすのです。カウンセリングで、女性たちが以下のような願望を語るのを私たち（筆者）はしばしば見聞きしてきました。

「夫が私を、誘拐するようにさらっていってくれたらいいのにと思うことがあります。私に計画をたてさせるのではなく、夫にイニシアチブをとってほしいのです。私が計画をたてようとすれば、『子どもたちはどうなるかしら？留守中に子どもが病気になったらどうしましょう？私が遊んでしまっていいのかしら？働いているべきじゃないのかしら？』などと迷いだしてしまうでしょう。迷っているうちに、にっちもさっちもいかなくなってしまうでしょう。ですから、夫が『今日は外食しよう』とか『今週末は山に行こう』などと、私を強制的に連れ出してしまってほしいのです。私が罪の意識なく、遊んだりリラックスすることができる小さくて安全な空間を、夫につくり出してほしいのです。」

賢い夫たちは、このような妻の内面の願望を理解し、妻が心おきなくリラックスした気分になれるような時間と空間をつくるにはどうしたらよいかに心をくばります。このようなことをすれば、夫婦関係における「求める者―避ける者」の葛藤は減少します。

カウンセリングに訪れたある夫婦には、糖尿病の子どもがいました。母親は息子の健康に対する不安で、常に疲れていて生気がありませんでした。夫婦の間にロマンスがなくなり、葛藤が生じるにつれ、二人は離婚を考えはじめました。夫は、「妻は僕のことにはもはや一切関心がないのです。四年前、息子が糖尿病と診断されて以来、一晩だって二人だけで外泊したことがありません。僕を避けるために、妻は息子の病気を言い訳に使っているのだと思います」

私たち(筆者)は、この夫に前述したような妻の願望について説明しました。すると、彼は、次の週末を山に囲まれた、ロマンチックな環境で妻と二人きりで過ごす計画をたてました。そこは、息子に何か異変があった時にはすぐ帰って来れるように、自宅から九〇マイル（約一五〇キロ）足らずの場所でした。彼は、妻が信頼をおいているベビーシッターを雇いました。また、妻の不安を解消するために、ベビーシッターが子どもの病気のことで相談できるような看護婦を週末中待機させる契約を結びました。「看護婦への支払いなんて、夫婦カウンセリングへの支払いに比べたら安いものです」

夫がこの計画について妻に話し、実際に山に連れ出すと、妻は「自分がリラックスし、遊んでしまったら、どんなひどいことが起こるかわからない」という日頃の恐怖感から解放されたようでした。二人にとって、この週末は、夫婦の間に情熱をとり戻す長い旅路の最初の一歩になりました。少なくとも、夫婦の間の不毛な追いかけっこのサイクルを一瞬でも断ち切ることができたのです。

❖夫たちのジレンマ

以前は、夫婦間のほとんどの問題に対する解決策は簡単明瞭でした。夫たちに、生活のペースを落とさせ、より思いやりのある人間になることを学ばせさえすればよかったのです。今や、事態は大きく変化しています。今日の男性たちが、パートナーの女性たちに対してどのような観察をしているのか、以下にみてみましょう。

❖「妻には選択の自由があるからうらやましい」

『フォーチュン』誌の記事によれば、会社で成功した女性たちの最初の世代が、彼女たちの父や祖父が経験したのと全く同じ「中年の危機」に直面し、全く同じ結論に至りました。つまり彼女たちは中年期を迎え、「仕事はきついものであり、たくさんの時間をとり、そして必ずしも楽しいものではない」ということに気付いたのです。

この記事は、三五歳から四九歳までの三〇〇人の女性マネージャーおよび重役を対象とした調査について報告しています。八七%の回答者が、生活を大きく変化させることを真剣に考えている、またはすでに変化させたと答えています。また、およそ三分の一の回答者がしばしば精神的に落ち込み、うつ状態になると報告しています。回答者の半数以上が、離婚しようとしている、又は心理療法を受けようとしている友だちや同僚がいると答えました。大多数の回答者が、自分には私生活がほとんどなく、仕事上の不満をかかえていると報告しています。

このような苦悩に、女性たちはどう対処しているのでしょうか。彼女たちは過去二〇年間に会社に進出してきたのと同じ勢いで、今度は会社から脱出していっています。仕事中毒の男たちのようなつまらない生活は送りたくないと考え、たくさんの有能な女性が会社を辞めていっているのです。『フォーチュン』誌の調査の回答者のうち、最も野心的な女性でさえも、仕事一筋の生活はしたくないと考えていました。とはいえ、今日の女性たちは、前の世代の女性たちのように、家庭に入って子どもを産み、クッキーを焼くような生活をするのではありません。彼女たちはそれまでの仕事を通じて、自分の能力に自信を持っています。会社を辞めた九〇％以上の女性が、より快適な、バランスのとれた生活ができるように、転職したり、自分で会社を作ったりしています。アメリカンエキスプレス社でマーケティングの重役である女性はこのように言いました。

「女性の情熱はいろいろな方向に広がっていきます。私たちの情熱は必ずしも会社での出世とか権力に向けられているわけではないのです」

このような変化は、女性にとって、より健康な方向への望ましい変化であるように思われます。しかしながら、このような変化が結婚生活に与えている影響についてはこれまで言及されることはありませんでした。大多数の男性が、女性の持っている自由をうらやましく感じているのは疑いようがない事実です。

ヤンケロビッチパートナー社による調査によれば、男性たちは、自分の妻がよりバランスのとれた生活を求めて仕事を変えることに対して共感的でした。しかし、自分自身は一家の稼ぎ手としての責任があるので、バランスを求めて転職するなどということは考えられない、ということでした。ある男性はこのように言っています。「男は責任を持っているが、女は選択の自由を持っている」。同じ調査で、「あなたが配偶者に、『中年になって、自分の生活を見直している、そして、今の職業を続けていくべきかどうか迷っている』と言ったとしたら、配偶者はどのような反応をするでしょうか」という質問項目がありました。ほとんどの回答者が、「あなた気でも狂ったの？しっかりしてさっさと会社に行きなさいよ」と妻に言われて相手にされないだろう、と考えていました。

❖「なぜ僕だけが働かなくてはいけないのか」

アメリカでは、男性の重役の配偶者の七割は専業主婦をしています。そして、ほとんどの夫婦がその選択に満足しています。管理職の男性が多くの時間とエネルギーを仕事に注ぐためには、伝統的な夫婦の役割分担に基づいて、妻が家庭に関する責任を担うことが必要だからです。

家庭生活は男性にとっても重要なので、男性は、妻が家庭を守る役割を果たしてくれることに感謝します。「妻が、家を守り、子どもの世話をしてくれるとわかっているからこそ、自分の仕事に集中できるのです」と、大手銀行の副社長であるジェリーは言います。「もし妻が家にいたくないと言ったら、私は多分こんなに出世できなかったでしょう。子どもを、家におきざりにしておきたくはないですからね」

外で働いていない女性に対して、共感的で思いやりのある男性ばかりではありません。たくさんの男性がこのサンフランシスコのタクシー運転手のように感じています。

「私は週に六日、いや七日、一日一二〜一四時間働いているわけです。妻のほうは、家で今頃、次に何をすれば楽しいかなどとのんびり考えているわけです。彼女は、以前、ケータリングビジネスで一〇万ドル（約一一〇〇万円）の年収がありました。でも彼女はその仕事に飽きてやめてしまったのです！私は、かなりの収入があります。私が不満なのはそのことではありません。妻にはいつも『販売でもなんでも、仕事をしさえすれば、キミの性格と頭の回転の速さで、たくさんの収入を得ることができるだろう。ボクのスケジュールはゆうづうがきくのだから、一緒に旅行にも行けるし、週末を一緒にすごして、結婚生活をより楽しくすることができるだろう』と、言っているのです。そう言っても妻は、泣くだけですし、私の方も腹がたちます。なぜ、私だけがこんなに働かなくてはいけないのでしょうか、不公平だと思います。」

❖「妻は満足するということを知らない」

有能でパワフルな女性が、自分自身と家族とに、長い間、強いプレッシャーをかけ続けるとどうなるでしょうか。カウンセリングに訪れたスーザンの夫、ハリーがこのジレンマについて話してくれました。

「スーザンは満足するということを知りません。彼女はキャリアもほしいし、家事も育児も自分で直接やりたいのです。彼女は金に糸目をつけず高価なものをほしがり、豊かさへの欲求はとどまるところがありません。私立の学校に子どもたちを通わせたいし、年に数回は長期休暇をとって旅行にいきたいし、バレエの会員券は欲しいし…といった具合です。

スーザンは完ぺき主義なのです。夫婦で一生懸命働き、子どもの学校の行事などにもできる限り参加するようにする、それでいいじゃないかと思うのですが、彼女はそれでは満足できないのです。私たち夫婦がそろって、あらゆる催しや行事に参加しなければ、彼女は罪悪感でいっぱいになり、それが怒りに変わり、それを私にぶつけてくるのです。

健康を維持するために適度に運動をするというのも、彼女にとっては十分ではないのです。ある特定の運動を特定の回数しなければ、彼女は落ち込み、それが怒りに変わって私にやつあたりしてきます。

子どもに対してもスーザンの期待は信じられないほど高いのです。単に子どもであるだけではだめで、彼らは母親の高い期待に応えなければなりません。もし、子どもがその高い基準に達しなければ、スーザンは、母親として失格だと自分を責め、子どもたちが自分をこんな気持ちにさせたということで子どもに対して怒り始め、その怒りを私にも向けてくるのです。このような生活で私たちは疲れきっています。生活を楽しむことができません。私は彼女から苦しみと怒りをぶつけられるのにいい加減うんざりしているのです。」

スーザンは、茫然として夫の言葉を聞いていました。彼女自身の見地からすると、彼女の生活は常に他人の面倒を見続けているようなものでした。彼女は、お客さまのニーズ、上司のニーズ、子どものニーズ、そして夫のニーズに応えようとがんばっているのでした。それなのに、夫は、彼女のライフスタイルが家族関係を破壊していると言うのです。

カウンセリングのオフィスで次に起こったことは不幸にも予測どおりでした。スーザンは、ショックから素早く立ち直り、自分だけが正しいといったような態度で怒りを爆発させました。

「あなたがもっと子どもたちの面倒をみてくれさえすれば、私だってこんなに苦労しなくていいのよ。あなたは、カレンの担任の先生の名前を知っているの? 図書レポートの期限はいつだか知っている? ジョンが歯医者にいくのは何曜日? こういうことも知らないでいて、私のジム通いについて批判するなんてひどいと思うわ。あなたは今体重は何キロなの? 出会った頃から何キロ増えているの？写真をみて比べてみましょうか。…私が忙しいスケジュールから週に二、三時間ひねりだして運動するのがなぜいけないのかしら。もうすでに何万回と言っていると思うけど、私はあなたの母親ではないのよ。それに私が専業主婦になれる経済的なゆとりはありません。あなたは自分の収入だけで十分暮らして行けるなんて呑気なことを言っているけれど、それは無理です。子どもたちを転校させたり、家を売ったり、そういうことをしなければ絶対に無理よ。」

面目を潰すような妻の言い方に腹をたてたハリーは、残りのカウンセリングの時間中、何もしゃべらなくなってしまいました。彼は翌週の予約を取り消し、それ以来彼らからの連絡は一切途絶えてしまいました。

❖「なぜ妻はまるで僕と競争しているかのようにふるまうのか」

うまく協力しあっているように見える夫婦でさえ、どちらが力を持つかでもめることがあります。トムは、妻ティナとの間の育児をめぐる葛藤についてこのようにコメントしています。

「結婚してすぐの頃は、人間の心の機微について、ティナのほうが僕よりずっとよく理解していました。彼女の実家は、たくさんの会話やスキンシップがあり、互いの個性を尊重するような雰囲気の家庭でした。僕には信じられないくらい仲の良い家族でした。

一方、僕は『男は泣いてはいけない。悲しいことがあっても黙って耐えなくてはならない』というような家庭で育ちました。ですから結婚当初は、人間関係や家族のあり方について、妻に教えられることが多かったのは確かです。

でも、結婚して一四年たった今は、僕は昔とは全く違う人間になりました。自分の欠点に悩み、過ちから学び、本を読み、自分の心を見つめて、成長しようと努力してきたのです。

それなのに、ティナはいまだに、自分が常に子育ての中心でなければならないと考えています。どちらが子どもとより多くの時間をすごすか、育児についてどちらの意見が正しいか、ティナはまるで僕と競争しているかのようにふるまいます。ティナは、自分の育児のやりかたが常に僕のよりも正しいと信じているのです。

僕は、父親と母親のそれぞれの役割について考えをめぐらせてきました。良い母親のまねをすれば良い父親になれるわけではない、ということがやっと分かり始めてきたのです。それなのに、ティナは、自分こそ育児の専門家なのよという態度で、僕なりのアプローチを頭から否定してかかるのです。」

❖「あの優しかった妻はどこへ消えたのか」

男性にとって「稼ぎの悪い男」と批判されるほど辛いものはありませんが、女性にとって「思いやりのない女」または「性的に魅力のない女」と言われるほどこたえる言葉はありません。このような批判は、「仕事をバリバリとこなすパワフルな人間と、女性的な魅力は両立しないのかもしれない」という女性の不安感をあおります。

夫からの批判はいろいろな形をとって表現されます。ジムは、性的不満に焦点をおいて妻を批判します。

「エイミーは、セックスの時に、あまりに合理的すぎるのです。セックスは早く終われば終わるほどいいと考えているようです。彼女は、常に疲れ過ぎているか、他のことに気をとられていて、リラックスしたり遊び心をもつことができないのです。」

マックスにとっては、性生活の不満は、夫婦関係のあり方全体に対する不満の一部にすぎません。

「彼女とはより良い性生活を持ちたいと思っています。でも、私が言っているのはむしろ、結婚生活全般のことなのです。私たちの関係に、もっと楽しさとつながりがあってほしいと願っているのです。妻のモリーは、私がセックスのことだけについて不満を言っているのだと勘違いして、私の言葉を笑って片付けてしまいます。

私は最近、孤独感に苛まれています。モリーとの関係がもはや夫婦でなく、ビジネスの関係のような気がしてしまいます。

三年前に、彼女は、家族の世話役を降りると宣言しました。家族の面倒をみているばかりの生活で、自分自身のアイデンティティーをなくしてしまったから、これからは家族がひとりひとり自分のことに責任を持ってほしいということでした。

自分で洗濯をしたりすること、それは大したことではありません。でも、彼女は私のことなど、もう気にもとめていないような態度をとっているのです。先週、三日間の出張から帰宅した時、彼女は読んでいる本から少し目をあげて、おかえりなさいと言っただけでした。彼女の態度は冷たいというものではありませんでしたが、暖かみや愛情に欠けていました。私は孤独を感じました。」

以前は、中年男性が、老いへの恐怖を逃れるために、若い女性と不倫をすることがしばしばありました。現在、私たち（筆者）のカウンセリング・クリニックを訪れる夫たちの不倫相手は、若いセクシーな女性ではありません。思いやり深く自分をいたわってくれる女性なのです。実際、多くの夫は、不倫相手とのセックスは、妻とのセックスほど良くないと言います。しかし、不倫相手の良いところは、自分を優しく受け入れてくれ、こころのつながりが持てるということなのです。妻たちは、へとへとに疲れてエネルギーがなく、不機嫌になっていて、夫を直接間接に批判します。一方、不倫相手は、遊び心があって、自分を認めてくれます――これは、窒息しかかっている人にとって、新鮮な空気を与えられるようなものなのです。

6 スーパーカップルにとって子育てとは

今日の夫婦は、夫婦関係における困難に加えて、育児に関わる複雑な問題に直面して、悩んでいます。ひとつは、多忙なライフスタイルに育児をするゆとりがあるかという問題、そしてもうひとつは、夫婦のライフスタイルが子どもにどのような影響を与えるかという問題です。

❖育児のためのゆとりがありますか？

今日の夫婦の多忙きわまりないライフスタイルと、子どもを健全に育てていくということは、両立するのでしょうか。このトピックほど、熱のこもった論争と、大きな不安をかきたてる問題はないと思われます。

役割をたくさん抱えた多忙なライフスタイルによって、育児に費やす時間とエネルギーは減少していきます。ニューヨーク家族・職業協会の一九九三年の調査によれば、一八歳以下の子どものいる家庭で、両親が子どもと過ごす時間は平日で平均三・二時間であり、週末で平均八・一七時間しかないと報告されています。夕食を子どもと一緒に食べるのは週に一日以下だと回答する親が一二％もいました。

伝統的な「家族そろっての食事」が健全な家族の育成に必要か否かは、議論が分かれるところでしょう。しかし、どちらにしろ、子どもと満足に食事もできない親は、自分たちの生活には、心身ともに健やかな子どもを育てるのに適切なゆとりがないのではないかと心配になってしまうのは明らかです。

❖キャリアウーマンと出産の選択

一九九〇年の調査によれば二〇才から四四才までのアメリカ人女性の七四％が就業しており、彼女たちの大多数が母親になることを選びました。乳幼児の子どもを持つ母親で、外で働いているのは一九八〇年においては三八％にすぎませんでしたが、一九九二年には五三％に増加しています。また、一八才以下の子どもをもつ母親の七七％までが外で仕事を持っています。

しかし、今日の働く母親たちは、これから子どもを持とうか迷っているキャリアウーマンに考え込ませてしまうような、心を引き裂かれるような困難を抱えています。デボラ・スイスとジュディス・ウォーカーは、その画期的な著書、『女性と仕事／家庭のジレンマ（Women and the

Work/Family Dilemma)』において、ハーバード大学の法学部、医学部、ビジネススクールの卒業生の女性九〇二名に対する調査結果を報告しています。このうち、とりわけ仕事熱心な女性の中には、出産日を金曜日に調節し、翌週の月曜日には勤務に戻れるようにしていた人が数名いたということです。著者たちは、冗談めかしてこんなことを書いています。「今日のキャリアウーマンは、家族、仕事、正気の三つのうち、二つしか手に入れることができない」。

もしあなたがキャリア志向の女性なら、キャリアで傑出することと母親になることの間で難しい選択に直面することになるでしょう。ジーン・ランドラムの著書、『天才女性のプロフィール (Profiles of Female Genius――Thirteen Creative Women Who Changed the World)』によれば、成功した女性の多くが、子どもを持たないことを選んでいます。コーン・フェリー・インターナショナル社とUCLAアンダーソン・マネジメントスクールによる一九九三年の調査では、四三九名の女性の重役のうち、三七%もが子どもを持っていないことがわかりました。男性の重役に対する類似の調査では、子どもを持たない者は回答者の五%にすぎませんでした。

いわば「うっかり」していて、子どもを産まない結果となってしまった女性もいるようです。出世の階段をのぼっていくには、大変なエネルギーと集中力が必要で、結婚や出産に関する決断は常に先延ばしになるのでしょう。四〇才代の半ばになっても出産可能であるということは今日の常識となっていますが、三五才以降に妊娠することが実際にはいかに難しいか、についてはあまり語られることがありません。

このような事実は、親になるという決断が、男性のキャリアにはそれほど影響しないが、女性のキャリアには重大な変更を迫るものであることを示唆しています。公平ではないかもしれませんが、これが今日の世界での現実のようです。

✣男性が父親になって考えること

それまで働き過ぎていた男性も、子どもが生まれると、家庭と仕事とのバランスのとれた生活をするようになる、というのは真実ではありません。実際には、ほとんどの男性が、父親になると、より長時間働くようになります。

おしめをかえるのがいやだったり、育児に疲れた妻を避けるためではありません。男性が仕事にますます精を出すようになるのは、むしろ、妻の収入が育児のために減ったことによる、必要性にかられた行為であることが多いのです。また、母親になった女性は巣作りの本能に突き動かされますが、逆に男性は父親になると、狩猟本能がよびさまされ、収入を増やそうと考える傾向があるようです。

一九九三年の『タイム』誌の記事によれば、キャリア志向の強い男性のほとんどが、家族との生活を優先していては昇進は不可能であると考えています。一九八九年、中・大規模の企業を対象として行われた調査によれば、父親の有給出産休暇の権利があった従業員は、全体の一％にすぎませんでした。父親の無給出産休暇の選択があった者は一八％でした。そして、このような休暇の制度がある大企業の従業員でも、その権利を行使したのは七％のみでした。

子どもを持つかどうか決断する時、また、出産後に親としての生活に適応する時、夫婦がそれぞれ直面するであろうことに対して現実的な考えをもつことが大切です。職場でも、それぞれの内面においても、男性と女性は異なる試練を経験します。父親になることは、多くの男性を、より一層仕事の世界に押し出すことになり、母親になることは、多くの女性に、より家庭的な役割をとる方向へと導いていくことになるのです。

❖親の多忙な生活は子どもに影響するか

私たちのライフスタイルは子どもにどのような影響を与えているのでしょうか。これは、今日の多くの家族が非常に不安に感じている問題だといえるでしょう。二〇年ほど前、デビッド・エルキンド博士は、「大人になることを急がされる子どもたち」について警告しました。大人になることを急がされる子どもたちは、幼いころから、背伸びをしていろいろな物事を達成するように要求されます。このような子どもは、自分が目標に到達しないのではないかという失敗の恐怖により、ストレスを抱えることになります。

「急がされる子ども」は、身体的にも精神的にも社会的にも、まだ準備ができていないうちに大人になることを要求されます。ブランドの洋服を着せられ、テレビのセックスシーンや暴力シーンにさらされながら、子どもは、混乱することなく複雑な社会環境に対処していかなくてはならないことを学びます。これは子どもにとって大きいストレスです。

なぜ親は大人になることを急がせるのでしょうか。エルキンド博士によれば、「子どもを早く大人にすることによって、また、子どもを大人として扱うことによって、親たちは、自分の心配・不安・ストレスを軽減する役割を子どもに負わせたいのです。」

親のニーズによって子どもを早く大人にさせてしまうやり方にはいろいろな形があります。

・子どもがステイタスシンボルとなる…育児のために家にいる親が、外で仕事をしていないことに関して葛藤がある場合、自分の役割を正当化するために、子どもが注目をあびたり賞賛されたりすることを望む。
・子どもが親の代理となる…職場での競争に敗れた親が、子どもの成功に注意を向けることによって、自分をなぐさめる。
・子どもが親のセラピストとなる…親の個人的な悩み（例えば、異性に対する感情や配偶者に対する感情）を子どもにうちあけることによって、子どもを相談相手とする。

・子どもが親のライフスタイルのパートナーとなる…親の忙しいスケジュールが、子どもの本能的な時間感覚に合わなくても、親は自分のせかせかしたライフスタイルに子どもを取りこんでしまおうとする。子どもの日常生活は、親の多忙なライフスタイルの必要性にふりまわされるが、子どもはそれに適応し不平を言わないことを学ばされる。

❖親が子どもに教えていること

タイプA行動の専門家、バージニア・プライスによれば、野心的で競争心の強いタイプAの親は、子どもにも同じような行動パターンを育てる傾向があります。

タイプAの親は…

・子どもの行動をほめるよりも批判することの方が多い。

・子どもが能率よくコミュニケーションしたり物事に対処することができないと、子どもをストレスと感じる。

・親が重視する分野において例外的な業績をあげたときだけ、子どもを評価し、賞賛する。

・子どもの努力の過程ではなく、結果を重視する。

・親の期待に沿わない行動に対して子どもを厳しく批判する。
・子どもに「急げ」、「パーフェクトであれ」、「もっとアグレッシブになれ」というようなメッセージを繰り返し与える。

子どもは、自分がどのように扱われるか、周りの人がどのように行動するか、を観察することで、いろいろなことを学んでいきます。この点を考慮して、あなたの行動や子どもへの接しかたは、何を子どもに教えていることになるのか考えてみましょう。
・親が、何か悪いことが起こるのではないかという予測のもとに生活していたら、子どももも非常に用心深くなるでしょう。
・親が、他人の行動の背後の隠れた意図を読み取ろうとして常に用心深くしていたら、子どもも、他人に対して警戒心を持って接することが適切かつ必要でさえあると考えるでしょう。
・親が、常に時間に追い立てられ、他人と張り合うようにして暮らしていたら、子どもも、人生は戦いだと理解するでしょう。
・親が、極端に高い目標を自己に課し、目標に到達しないと自分自身を非難するようであれば、子どももそのような完ぺき主義的な性質を身につけるでしょう。

タイプA行動パターンは、四歳ぐらいの幼い子どもにも見られることがあります。子どもの言うことに注意深く耳を傾ければ、親の行動の鏡である子どもの不満を聞きつけることができるでしょう。

❖子どもから見た父親

ある研究によれば、重役の父親を持つ子どもたちの最大の不満は、父親が頑固で、自分の意見に対して絶対的な服従を求め、子どもの意見など聞く耳をもたないということでした。また、ティーンエイジャーを対象にした他の研究によれば、父親が子どもに助言をする場合に、講義するような口調で話したり、事実や論理で説得しようとしたり、指図や命令をしたり、批判するようなスタイルをとれば、子どもは父親と重要な問題について話し合うのを避けるようになる傾向があります。

これは、別に耳新しいニュースではありません。高圧的な父親とその子ども（特にティーンエイジャー）との葛藤は、映画などにもよく出てきます。より驚きなのは以下の情報です。

✣子どもから見た母親

タイプAの母親が、育児を生活の中心をおく場合、彼女自身の完ぺき主義的な基準で、子どもに過度のストレスを与える危険があります。バージニア・プライスによれば、このような母親は、子どもの自主的な行動を許さない可能性があります。子どもは彼女にとって「最も重要な作品であり」、子どもに自由を与えれば、母親の気にいらないような選択をするリスクがあるからです。このような育児のもつ危険性は大変大きいものです。

・子どもの行動を支配しようとする母親は、他人からの評価に過度に依存する子どもを育てる危険があります。タイプA行動パターンを子どもに植え付けるのは、仕事中毒の父親であるというのが世間一般の常識ですが、このように、母親が主な原因である場合も多いのです。

・人に言われたとおりに出来るかどうか、完ぺきに行動できるかどうか、顕著な成功をおさめられるのかどうかに、自分の価値がかかっている、というように育てられた子どもは、常に他人の評価基準に沿っていないと、自己懐疑に陥るようになります。

・タイプA行動パターンを示す息子とその母親のやりとりを観察すると、母親が常に、息子に対する期待のレベルを上げているということがわかります。研究によれば、攻撃的で要求がましい母親と、受け身で消極的な父親から構成される家族が、タイプAの行動パターンを示す子どもを生み出す傾向があるとされています。

✣現代のライフスタイルの子どもへの影響

健康心理学の第一人者であるピッツバーグ大学のカレン・マシュース博士は、現代のライフスタイルによって、多くの子どもたちがタイプA行動パターンを身につけていると警告しています。タイプAの子どもの行動傾向として以下のものがあげられます。

・競争心が強い。
・ゆっくりと慎重に物事にとりくまず、素早く一気にやってしまおうとする。
・自分の順番を待っていなければならないとイライラする。
・自分よりペースが遅い友だちを待っているとイライラする。
・物事を急いですます。
・友だちに対してささいなことで怒りだす。
・他人が話しているときに会話をさえぎる。
・いろいろな活動でリーダーシップをとりたがる。

・他人の意見に異を唱えたり論争的な態度をとる。
・長い時間じっとすわっていることができない。
・ゲームでも勉強でも、楽しむことよりも勝つことが大切だと考える。
・すぐにけんかをする。

何がこのような行動傾向の原因なのでしょうか。子どもの行動や、ストレスレベルに影響を与えるのは親だけではありません。多くの場合、特にティーンエイジャーの場合には、両親だけが、子どもに影響をおよぼす要因ではありません。家族の他に、子どもは、学校、メディア、同世代の友だちから影響をうけます。また、遺伝的な要素も存在するでしょう。

このような行動パターンが、全て悪いのではありません。不適応の徴候でもありませんし、性格の欠陥を示すものでもありません。実はこのような子どもは概して頭がよく、運動ができ、話し上手で、社交的で人にも好かれる傾向があります。また、子どもたちの多くは、大人になるにつれて、タイプA行動を見せなくなります。しかし、思春期にもタイプA行動が依然として残っている場合には、そのスタイルが成人しても続いていく確率が高いと言えるでしょう。

❖子どもは親にどんな影響を与えるか

人間関係は常に双方向の関係です。AがBに影響を与え、BがまたAに影響を与えます。この相互への影響は、親子関係にもっとも如実に表れます。親が子に影響を与えるのは当然ですが、子どもも親に対して非常に大きな影響を与えます。例えば親子間のコントロールをめぐる葛藤が、いつも支配権を握ることに慣れているタイプAの親のストレスと怒りを増大させることもあります。

また、育児は、親の子ども時代の葛藤を呼び覚ますこともあります。ルイは、自分が子どもとふたりきりになると、落ち着かない気分になってしまうのはなぜかを理解するために、私たち（筆者）のクリニックを訪れました。数回のカウンセリングにわたって彼の子ども時代の家族関係について考えを巡らした後、落ち着かない原因が明らかになりました。

「子どものころ、土曜日は私の一番好きな日でした。学校が休みだからだけではなく、その日は、外でバーベキューをするのが恒例になっていたのです。朝一一時に父は炭に火をつけ、ハンバーグを網にのせました。そしてハンバーグを焼いている間、父と私は、キャッチボールをしました。ハンバーグが焼けるのがもう少しゆっくりだったらいいのに、と私はいつも思っていました。焼けてしまえば、そこでキャッチボールは終わりになりました。

昼食を食べると、父はテレビをつけ、私も父と一緒に野球を見ました。父は三〇分もしないうちに寝入ってしまい、父との時間はそれでおわりでした。父はその後、夕方まで眠りつづけました。

私は父と過ごす時間がとても好きでした。しかし、その土曜日のキャッチボールの時間以外は、父は基本的に私と全くかかわりをもたずに過ごしました。

そして、自分が親になった今でも、私のなかであの頃のことが大きな影響を及ぼしているのです。子どもとほんのしばらくでも一緒にいると、なんとなく落ち着かない気分になってくるのです。子どもと時間を過ごすのは楽しいですから、今までその不安感がどこから来るのかわかりませんでした。私はいまだに、ハンバーグはあまりに早く焼けてしまい、家族と過ごす時間はすぐに終わってしまう、と無意識のうちに感じているのですね。」

育児によるストレスは、親自身の葛藤を前面に押し出してきます。父親は、家族との生活と仕事の生産性との間で、どちらにどのくらいの比重をかけるべきかという自問をくり返すことになります。また、女性は、母親になることで、どの程度家族に対する献身をすれば適切なのか、他人の世話と自分自身のニーズと間でバランスをとるにはどうすればいいのか、などの葛藤を経験することになります。

❖子どもと接するときに注意したいこと

以下の項目は、適切な育児をするために、親はどのような点に留意するべきか示しています。

・子どもと接する時、リラックスしていて遊び心がある状態でしょうか、ストレスがかかっていて疲れていたり、怒りをためている状態でしょうか。
・あなたがもっと穏やかで、せかせかしていなければ、子どもにはどのような影響があるでしょうか。
・子どもに時間を無駄にしてはいけないと教えていないでしょうか。
・子どもがどのような知識をもっていて、どんな行動をし、何が好きで何を不安に思っているかなどを、よく理解しているでしょうか。
・子どもに、忙しい生活のなかでも、家族や愛する者のための時間は守るということの大切さを教えているでしょうか。
・子どもに、愛する者たちへの思いやりが一番大切なことだと教えているでしょうか。
・あなたの生活が子どもに及ぼしている影響について、あなたは自分自身に正直になっているでしょうか。

・あなたは「子どもとの毎日の無目的な時間」を十分にとっているでしょうか。（この概念は、以下に詳述します。）

❖「無目的な時間」の意味

心理学者のロン・タフルは、子どもと毎日「無目的な時間」を持つ親が、子どもと良い関係を作っていける親であると主張しています。子どもは、いつどのようにコミュニケーションをしたいかという子ども自身のスケジュールを持っているので、子どもの身近にいて一緒にこれといった目的のない時間を多く過ごす人だけが、子どもが何を考え、必要とし、感じているかを知ることができるというのです。

これは、忙しい親たちにとって頭の痛い状況です。良心的な親ならば、少ない時間でも、密度の濃い時間を子どもと持とうとするでしょう。しかし、タフル博士の言によれば、親がいつどのようにコミュニケーションしたいかということと、子どもがいつどのようにコミュニケーションしたいかは、必ずしも一致しないということなのです。

ただ単に子どもと一緒にいることの大切さを十分に理解すること、また、親のライフスタイルの選択が子どもに与える影響について正視することは、育児にあたって非常に重要なことです。仕事や夫婦関係のあつれきなどのストレスにより、多くの親が子どもとのコミュニケーションを失い、親も子も苦しみます。いろいろな役割を抱えて多忙な現代の親たちは、注意して、子どもとすごす時間を確保しなければなりません。そうしなければ、子どもとのつながりを育てていくことは不可能なのです。親は、定期的に子どもの世界に入り込み、また、可能であれば自分の世界に子どもを招きいれる必要があるのです。

親は、自分が子どものための時間を作り、確保する意志があるのかないのか、そして自分のライフスタイルが子どもにおよぼす影響について、現実を直視する必要があるのです。子どもは柔軟で適応力に富み、変化やストレスにも耐えられる存在であるという、親にとって便利な「神話」は真実でなく、このような考え方はむしろ捨て去るべきなのです。

7 スーパーカップルの陥る二〇の神話

考え方は感情を形づくり、感情は、夫婦関係に対処する仕方に影響をあたえます。ですから、よい夫婦関係を作っていくためには、まず、自分の考えや信念を検証してみる必要があります。現代社会では多くの人が、自分または他人を過小評価するような考えや、非現実的な期待、自分に都合のいい幻想に基づいた考えを持っています。この章では、このような誤った考え方が生み出す二〇の「神話」について説明し、本当のところはどうなのかを模索していきます。

神話一　私のストレスはあなたのストレスよりも大きく（小さく）、苦痛が多い（少ない）

夫婦関係において、どちらのストレスのほうが大変かという競争をしだしたら、夫婦が互いに支え合っていくことは不可能です。パートナーの支えてもらいたいという願いは、相手のこのような言葉で打ち砕かれます。「あなたに休息が必要ですって？私の生活が最近どんなふうだか分かっているの？私のほうこそ疲れきっているのよ。」

逆に、自分自身のストレスを過小評価する人もいます。自分の忙しい生活が他人に及ぼしてしまう影響について心苦しく思う傾向のある人は、他人のストレスのほうが自分のストレスよりも、重大であると考えます。

本当は…　あなたの人生はどちらがより疲れているかという競争ではありません。あなたのストレスはあなたにとって重大なことであり、他の人のストレスのほうがより重要だとかより重要でないということはありません。

ですから…　互いのストレスを平等に認識しましょう。自分自身を卑下することなく、パートナーに感謝の念を表しましょう。互いにいたわり合うことが重要なのです。

神話二　誰も見ていない時(または誰も起きていない時)に働けば、夫婦関係には影響がない

多くの人が、増え続ける「しなければいけないこと」による不安を少しでも軽減することの方が、休息をとることやリラックスすることより大事だと考えます。あるクライ

アントが言ったように、「家族が起きてくる前、毎朝四時に起きて仕事をすることで、一日が充実して使えます。だれにも迷惑をかけることはありません。私はひと仕事をすることができますし、出勤前のひとときを家族と一緒にすごすこともできます。」

本当は…　より多く働くことで、不安は軽減されるかもしれませんが、エネルギーは生み出されません。あなたが自分の仕事中毒の傾向をコントロールできなければ、創造力や柔軟性が失われ、回りの人たちからもエネルギーを奪うような結果となるでしょう。人が一日のうち、また一週間のうちに使えるエネルギーというのは限られているのです。

ですから…　休息したりリラックスする時間をとりましょう。ストレスにうちかつ一番の方法は自分自身をいたわる時間をつくることです。

神話三　怒りを表すほうが、自分の内に秘めてしまうよりも断然良い

現代の忙しい生活の中、イライラや怒りの感情を持たないことは不可能です。その怒りをどうするかが問題ですが、行動的でエネルギッシュな人たちは、怒りを表に出すこ

とが一番いいと信じている傾向があります。これは間違った考えです。

本当は……　いつどのようにして怒りを表すかに注意を払うことが大切です。攻撃的な行動をとれば、他人を傷つけることになるし、あなた自身の敵意にもますます火をつけてしまうことになります。他人に対して感情のままに怒りをぶつけることは、一時的には気分がよくなるかもしれませんが、長期的には、他人を傷つけ、自分自身も抑えがきかない悪意に苦しむことになります。どちらにしても、あなた自身にとってのダメージとなります。

ですから……　葛藤に効果的に対処するためには、攻撃的にならず、適切な自己主張ができることが大切です。怒りのピーク時にではなく、怒りがおさまったところで、行動を起こすこと。

神話四　行動は自然にでてくるのでなければ、ニセモノであり価値がない

この考え方は、個人の成長と夫婦関係の成長の両方を抑制してしまうものです。行動のしかたを変えたら、確かに最初はぎこちなく感じるでしょう。しかし、そのぎこちなさから逃れようとして昔からの行動パターンに戻ってしまったなら、結局、何の変化も

成長もおこらないでしょう。このような考え方は、自分を不必要に縛ってしまいます。

本当は…　人生の過程で学ぶ、価値ある事柄の多くは、私たちに自然に備わっていたものではなく、何度も練習しなければならなかったものです。

ですから…　どのように行動する人間でありたいか、をまず明確にすること。そしてその行動を何度も練習することです。時間が経つにつれて新しい行動のしかたがなじんできて、自然とそのような行動をとれるようになるでしょう。変化する時にはぎこちなさが伴いますが、これは避けられないことです。変化は、自然とはおこりません。まず、望ましい行動を思い描き、実際に自分がそういう人間であるかのように行動することです。そのようにしていれば、あなたは実際にそういう人になることができるのです。

神話五　自分をいたわったりリラックスしたりすれば、怠惰な人間になってしまう

多くの人が、一度ペースを落とせば、これまでのような速いペースでは働けなくなるのではないかと恐れています。この恐怖は、経験に基づいたものではないでしょう。そ

のような人たちは、これまで適切に自分をケアしたり、ペースを落としたりしたことがないので、そうすることが不自然に思えたり、妙な気分になったりするのでしょう。

本当は…　しばらくの間休息したり遊んだりすれば、確かに、もう一度働きだすのは辛いことです。日曜日の晩、多くの人が感じる憂うつな気分は、よく知られた例です。リラックスした週末の後、また、疲れる一週間が始まるかと思うと、イライラしたり、落ち込んだ気分になってしまいます。しかし、このことは、あなたが怠惰な人間であることを意味しているのではありません。ただ、あなたがその時たまたま疲れているということを示すだけなのです。

ですから…　自分をいたわりリラックスする時間をより多くした時に、あなたの生産性がどのように変化するのかをチェックしてみましょう。異なるペースで一日をすごしたり異なるスタイルを試したりしてみましょう。

神話六　強さを見せなければ負けてしまう

人間関係において、クールに距離を保っているほうが力を持てるはずだと多くの人が誤解していきます。彼らは以下のような格言を引用して自分の立場を正当化します。
「情報を持っている者が力を持っているのだ」（だから…力を持ちたければ、自分の持っている情報を分かちあうべきではない）
「もし勝っていなければ、負けているのだ」（だから…交渉などで、妥協は禁物である。たとえ人間関係を壊すことになっても、自分の主張を曲げるべきではない）。
「力は媚薬である」（だから…セクシーで魅力的と思われていたければ、自分の弱い部分を相手に見せるべきではない）

本当は… この神話に基づいて行動すれば、確実に自分を他人から疎外することになります。力、名誉、地位を持っていることは、あまり親しくない人にとっては、人を魅力的に見せるでしょう。しかし、長期的な人間関係の成長は、これらの外面的なことではなく、日々どのように互いに接するか、ということにかかっているのです。一生の親密さとは、愛情表現と、心と心のつながりと、遊び心から育つのです。

ですから… 他人にあなたの人間味を見せる練習をしてみましょう。毎日、友人や同僚や家族に、あなたの弱さを見せましょう。そうすれば回りの人は、あなたに気軽に近づけるようになるし、あなたのことを信頼できるようになるでしょう。あなたはそれにより、回りの人からサポートを得ることができるでしょう。

神話七　あやまれば弱みを見せたことになる

現在の多忙な生活においては、知らず知らずのうちに、他人に迷惑をかけたり、傷つけてしまったり、失望させてしまうようなことが、しばしば起こります。そのたびに、後悔と緊張感がつのっていきます。神話六にあったように、強さが魅力を保つという誤った考えから、多くの人が謝罪したりすることなく、沈黙のうちに多忙な生活を続けます。結果として、自分の傷も、相手の傷も癒えないままとなります。

本当は…　どんな人間関係においても、最も威力のある言葉は、「ごめんなさい」という一言です。なんらかの葛藤や間違いが起こった時に、後悔の念を表明することは、あなたの力を失わせることにならず、むしろあなたの影響力を増すことになります。あなたが謝罪すれば、相手は自分がきちんと理解され、認められたと感じるでしょう。相手は自己防衛をする必要がなくなり、あなたとより深いつながりをもつことが可能になるでしょう。

ですから…　大いに謝罪をしましょう。定期的に、あなたが他人に及ぼしている影響について率直に正直に振り返ってみましょう。人を傷つけたり、ストレスを与えた場合には、あなたが申し訳なく思っていることを相手に伝えましょう。

神話八　多忙な生活と健全な夫婦関係は両立しない

　このような白か黒かの極端な考えを持っていると、夫婦関係を育くんでいくのに不可欠な小さいこまごましたことをしなくなってしまいます。人は忙しくなればなるほど、「忙しくさえなければ」、「もっと単純な生活をしていれば」というような理想化された空想を持つ傾向があります。

本当は…　完全な家族とか完全な夫婦関係などというものはこの世に存在しません。また、これをすれば健全な家族関係を保っていけるというような特効薬のようなものもありません。しかし、家族にしても夫婦関係にしても、定期的に少しずつでもケアがなされていれば、驚くほどいろいろな障害を乗り越えていけるものです。

ですから…　なんでもいいからできることをしましょう。小さいことでもひとつひとつが積み重なって、家族や夫婦の心のつながりを保ちつづけることができます。一緒にいるさりげない時間を大事にしましょう。今日、家族はこうあるべきだというひとつの規範やモデルは存在しないのです。あなたなりの家族のあり方を創造し、それについて肯定的であるようにしましょう。

神話九　職場で役立つスキルやスタイルは家庭生活においても有用なはずだ

職場で成功している人は、職場と同じスタイルで、家庭生活も上手にやっていこうとします。確かに、根気、忍耐力、責任感などは、職場においても家庭においても重要な資質です。しかし、家族や夫婦の関係を育てていくことは職場での仕事のスタイルとは全く質の違うことを必要とするのです。

本当は…　人間関係はつながりから生じるのであって、業績や管理からうまれるものではありません。人とつながりをもつためには、ペースを落とし、相手の言葉に耳を傾け、自分のことを正直に表現し、思いやりの心をもつことが必要です。

ですから……　一日のうちで何度か、あくせくとした多忙なモードからギアチェンジをするようにしましょう。あなたにとって最も大切な人たちのことを思い出し、その人たちの気持ちを思いやるようにしましょう。あなたのライフスタイルに伴うストレスで大切な人たちを傷つけることがないようにしましょう。

神話一〇　効率が良いやり方が常にベストなやり方だ

現代の社会に生きる私たちは、常に急いでいて、能率を重んじる習慣がついています。私たちは、スピードが重要でない時に、どのように行動したらいいのかということがわからなくなっています。いつも忙しくしている人たちは、どんな物事も最大限の効率で成し遂げることがベストであると思い込みがちです。その結果、不必要に、自分と回りの人を追い立ててしまうのです。

本当は……　いつも能率を気にして自分を追い立てていても、リラックスして過ごす時間を増やすことにはつながりません。より一層の効率を求めて頭を悩ます時間が増えるだけです。

ですから…　効率重視のライフスタイルに対して、現実的に、そのプラス面とマイナス面を分析してみましょう。能率第一のスタイルが、人間関係に与えているダメージはどのようなものでしょうか。例えば、「私が指示した通りに、あの時左に曲がってさえいれば、もっと早くここに着いていたのに。」などと、レストランに入りながらあなたがパートナーに文句を言っていたとします。

もしあなたが、このような言い方をすることがあれば、パートナーは嫌な気分になり、あなたに批判されたことで失望したり、やる気をなくしたりしているでしょう。もしパートナーがあなたの指示どおりに運転していたとして、どれほどの時間を節約することができたかということを、冷静になって、正確に計算してみましょう。そして、その何分かの時間が、どの程度重大であったのか考えてみましょう。能率に対する執着が、夫婦関係の犠牲に値するものなのかどうか、再考してみる必要があることに気付くでしょう。

神話一一　早いものが勝ち

前述の神話一〇の変型です。現代人の多くは、何ごとをするにも、「より速く」することによって、競争に勝つことができるという漠然とした考えを持っています。そして全速力で突進することが、私たちのライフスタイルになっています。あなたは、隣を走っている車と競争して、その結果、つぎの赤信号で一番先頭で待っただけだった、というような経験はありませんか。

本当は… ほとんどの場合、あなたが慌ただしく急いでいるのは、他人が忙殺されている状態を盲目的にうけ入れてしまった結果なのです。そしてその他人もまた、他人の忙しさを盲目的に受け入れた結果、急いでいただけなのです。

ですから… マイペースであることを練習しましょう。あなたがすばらしい短距離走者であることは、すでに証明済みなのです。新しい目標として、自分のペースとスタイルを確立することを学びましょう。

神話一二　機会があれば、常に人を指導してあげるべきだ

多くの人は、他人が要領よく物事を片づけていないのをみると、自分の知識を用いて

指導したくなる誘惑にかられます。より良い方法を知っているので、それを教えてあげたくなってしまうというのは、親切心からなのです。しかし、これらの善意はかえって逆効果である場合も多いのです。ブルースのエピソードはそれをよく物語っています。

＊＊＊

「僕の八歳の娘ケリーは、最近、地元のサッカーチームに入りました。ケリーはサッカーチームが楽しくて仕方がないらしく、そのことばかり話しています。でも、彼女はあまり運動神経がいいほうではないので、自分にイライラすることもあるようなのです。僕は、ケリーの助けになりたくて、休日にはいつも、彼女とボールを蹴ったりしているのです。

先週の土曜日、いつものようにケリーと庭でボールを蹴っていて、僕としてはとても楽しい時を過ごしていたのです。ところが、練習を始めて一〇分ほどした時に、ケリーがかわいらしい表情でこう言ったのです。『パパ、しばらくの間は、ただ遊んでいたいの。教えてくれるのは、その後でもいいかしら。』

ケリーの言葉は僕にとって大きな衝撃でした。確かに、僕が娘に話をする時、だいたいが指示を与えていたり指導していたりいるのです。僕はケチをつけたり批判しているつもりは全くないんです。彼女のことを本当に可愛いと思っていますから！でも、彼女にとっては、私はイヤなやつなのかもしれません。彼女をしたいようにさせておかないのですから。」

本当は… しばしば、人に指導されることは、批判されたり、支配されたりしているように感じられるものです。

ですから… もっと謙虚になりましょう。あなたは、みんなにとっての先生である必要はないのです。指導したくなる誘惑にかられても、口を閉じ、相手の話に注意深く耳を傾けましょう。アドバイスを与えるよりも、ほめたり、力づけたり、共感したり、励ましたりしてみましょう。そして、あなた自身と回りの人たちをあるがままにしておくということも大切なことです。

神話一三　しょせんすべては私にはどうしようもないことなのだ

多くの人が、不適切な行動をしてしまった時に、このような自己放棄的な神話で、自分を正当化します。「私の遺伝子が私にこのような行動をとらせたのだ」「私の幼い頃の親との関係が影響しているのだ」「まわりの環境が私にそのような行動をとらせたのだ」

などと、自分が変わらないこと、変わろうとしないことを正当化するのです。たとえ自分の行動が自分自身や他人を傷つけていたとしても。

本当は… 人は、自分の人生で次に何が起こるかをコントロールすることができるのです。これは私たちに備わったもっともすばらしい力であり、私たちはどんな人生を作り出すかについて、自分で選択ができるのです。

ですから… 自分の行動を他人のせいにしたり、環境のせいにしたりすることをやめましょう。これから自分がどのように行動をコントロールしていきたいのかについて考え、自分の生活に問題をひきおこしている行動パターンを打破するにはどうしたら良いのかを考えましょう。

神話一四　パートナーが十分協力してくれたなら、こんなに苦しまなくてすむはずだ

途方にくれたり、打ちのめされてしまった時、他人からの助力をあてにしたくなるのは、自然の感情です。そして、その助力が得られなかった場合、他人が協力してくれないから自分がこんなに苦しんでいるのだ、と考えてしまいがちです。このような考えは、

私たちの人間関係を徐々に破壊していきます。

本当は…　ストレスは、今日の多忙なライフスタイルにおいては避けられないもので、他人がその原因を作っているわけではありません。むしろ、自分自身が自分のケアを十分にできていないことがストレスの最大の原因があることが多いのです。

ですから…　ストレスを感じた時には、他人が何をしているかしていないかではなく、ストレスに対する自分自身の対応をコントロールすることに集中しましょう。

神話一五　人より努力しないと成功できないのだから、一日の終わりに疲労困ぱいしていなくては、その日が充実していたとはいえない

多くの人が次のような考えをもち、疲労困ぱいするまで自分を追い立てて働きます。良い気分になるためには完全でいなくてはならない、人から愛されるためには強くなくてはならない、休息するためには疲れ切るまで働かなくてはならない、など。

本当は…　自分を駆り立てて完ぺき主義者のように働きつづければ、あなたの生活の質は落ち、人間関係にも支障がでてくるでしょう。確かに、このような考えは、人を勤勉に努力させることにより、その人を成功に導くことになるでしょう。ただし、あなたの人生の「いま」の段階において、このような考え方が本当に適切なのかどうか、検証してみる必要があります。ハードに仕事をこなすことが、単に習慣となっているのか、それとも真の必要性に基づいているのかを見極めましょう。

ですから…　他の人よりも多く、長く働くことを、ときどきは止めてみましょう。

神話一六　生計をたてることがもっとも重要な仕事なのだから、楽しみや遊びのための時間などは必要ない

私たちの多くは、あまりにも長い期間、あくせくと働いてきて、「楽しむ」ということがどのようなことなのか、忘れてしまっています。私たちは、楽しむということを「不安感や不快感の回避」とイコールであると思い込んでしまっています。「やらなければならないこと」のリストは長くなるばかりで、私たちを不安に駆り立て、リストの中の

項目を実行していく時にのみ、不安感が減少します。「やるべきことを片づけるのは、充実感があって、楽しい」などと言う人もいますが、それは本当の楽しみを味わっていることとは違います。この場合の「楽しみ」は、過去に頭痛があって、それがなくなったときに感じる喜びと類似しています。確かに頭痛がなくなるのはほっとすることですが、それは、最高にハッピーな気分であるのとは違います。

本当は… 人間関係においても仕事においても、燃え尽き症候群にならないためにもっともよく効く薬は、楽しいことをすること、遊び心をもつことです。

ですから… どのようにしたら心から楽しめるか、もう一度学ぶことから始めましょう。これには練習が必要です。以前あなたが楽しかったこと、期待に胸を高鳴らせた事柄を思い出し、それらを実行するところから始めましょう。

神話一七　親密な関係は苦手なので、夫婦の間でもある程度距離をとっていた方がいい

現代人の多くは、長い時間を勉強や仕事などにあてています。一方、親密な人間関係

を作っていくことには不慣れで、ぎこちなく感じてしまいます。また、このような人々の多くは、パートナーから批判的な目をむけられていることを感じています。例えば、長い勤務時間によってパートナーが孤独に陥ったり、仕事で疲れているために性生活が犠牲になって、そのことで不満を言われたりします。

本当は…　親密な関係を作り、それを維持していくことは、エネルギーを必要とします。疲労困ぱいしていては、良いパートナーであることは難しいでしょう。

ですから…　パートナーに惜しみなく与え、また優雅に受け取りましょう。仲むつまじい夫婦の間では、定期的に、相手が大事にしそうなものを贈る習慣があるようです。この、「気前がよく、物惜しみしないこと」と「優雅に受けとり、感謝すること」の二つが、幸せな夫婦関係を長続きさせる重要なファクターです。

神話一八　私がいてもいなくても、家族にとって影響はない。だから、家族と長い時間一緒に過ごせなくても自分さえ我慢すればすむことだ多忙な人たちは、家族と一緒にいることよりも、自分のしたいことをする方を、正当化する傾向があります。もしあなたが、自分の価値は働くことにある、などと思っているのならば、自分がいてもいなくても、家族にとってはそれほど違いがないだろうと思いこんでしまうでしょう。また、家族のひとりひとりが忙しい場合は、自分の存在は重荷だろうとすら感じているかもしれません。

本当は…　家族を注意深く観察し、耳を傾ければ、このような考えの誤りに気が付くでしょう。海外ツアーコンサルタントのサラは、七才の娘がサラの九日間の出張について悲しんでいるのをなだめようとしていました。「ママは行かなくてはならないのよ。これはお仕事なの。それに、ママはこの出張でたくさんのお金を稼ぐことができるの。出張から帰ったら、今月はずっと家にいることができるわ。動物園に行くこともできるし。」目に涙をいっぱいにためた娘はこう答えました。「動物園なんかに行きたくない。私はただママと一緒にいたいだけなの」。

ですから…　愛する人たちとのつながりを大事にし、くり返しいろいろなやり方でコミュニケーションをとるように努めましょう。相手があまり乗り気でないように見える時も含めてです。家族の間の愛情を保っていくための、これが唯一の方法なのですから。

神話一九　私が何を必要とし、何を望んでいるかは、自分にも他人にもさして重要なことではない

このような考えを持っている人は、自己主張をせず、自分を適切にケアすることがありません。自分ができること、できないことをはっきりさせることができず、他人から何か頼まれるとノーと言えなくなってしまいます。自分のニーズを犠牲にして、他人のために働くので、欲求不満がたまったり、利用されてしまったと感じます。また、回りの人が自分に対して無関心であると思い込んでいるために、自分が何を必要としているのか、何を望んでいるのかを伝えることがありません。感覚を麻痺させて、何とか自分をだましながらがんばりつづけていく生活を続けます。

本当は…　自分を適切にケアすることを学ばない限り、人間関係においても成功することはありません。自分のニーズや欲求に耳を傾けなければ、あなたの人間関係はより一層苦しいものとなるでしょう。

ですから…　自分自身のニーズを大切にすることを学ぶために、小さいことから始めてみまし

ょう。例えば、昼食を食べる時には、いつものと同じでいいから、とか、便利だから、というような理由で何を食べるか選択するのでなく、自分が本当は何を食べたいのか、よく考えてみましょう。

また、一日に一度は、自分のエネルギーや時間を守るために、人からの依頼を断ってみましょう。自分自身の喜びのためにすごす時間をもち、他人に対する義務感で、あなたの時間を埋めていかないようにしましょう。

神話二〇　私は普通の人とは違う例外的な人間だ

たくさんの役割を抱えて奮闘している多くの人が、ストレスの多い生活を精力的につきすすんでいくうちに、自分は例外的な人間であり、他の人にあてはまる法則を無視することができるというような考えを持つようになります。このような人たちは、えてして有能であり、多くの物事を吸収していく力があり、ストレスに強く、さまざまな苦難も乗り越えることができる人たちです。しかし、残念ながらこの考えは誤っているのです。

本当は…　人間関係についてのいくつかの普遍的なルールにおいては、例外はありえません。ケアして育てていく努力を怠れば、どんな人間関係も、たち枯れてしまうものなのです。

ですから…　謙虚になって、自分もまた普遍的なルールの例外ではないことを認めましょう。正直に自分を評価してみましょう。あなたはどのような生活をし、どのような影響を回りの人に与えているのか、あなた自身と回りの人をケアするためにどのようなことができるのか考えてみましょう。

第2部
夫婦のためのストレス克服プログラム

1 さまざまなストレスにうちかつには

第1部で明らかになったように、今日の多忙なカップルたちは、職場でも家庭でも、常時プレッシャーにさらされています。しかし、このような悩めるカップルたちも、「夫婦のためのストレス克服プログラム」を実践することで、夫婦関係を飛躍的に改善することができます。第2部では、このプログラムが、どのようにあなたの夫婦関係を改善するのかについて説明します。

〈「夫婦のためのストレス克服プログラム」の九つの構成要素〉

一．ストレス反応を見分ける
二．変化のもたらすストレスに上手に対処する
三．生活環境を心地よいものにする
四．価値観と調和がとれた生活をする

五．複数の役割の間でバランスをとる
六．効果的に時間を管理する
七．忙しがり病を克服する
八．空想《ファンタジー》を行動計画に変える
九．夫婦関係をもう一度見直す

あなたがどのような具体的な変化を望んでいるのであれ、より幸せで健康なライフスタイルを持ちたいと真剣に考えているのなら、このプログラムを実践することが必要です。このプログラムは、あなたの人生と夫婦関係を改善するという点で、非常に大きい効果があるのです。

この章で説明されるプログラムの最初の六つの構成要素は、個人のストレスマネジメントの根本となるものです。残りの要素は、伝統的なストレスマネジメントの範囲を越え、ストレスマネジメント・プロセスを夫婦関係の文脈に置き換えているものです。これらの三つの構成要素については第2部・2から4で詳しく説明されます。

❖ストレスとはなにか

ストレスは、人々が適応する必要に直面したときにおこります。つまり、ストレスは、私たちが目覚めているあいだ中、おこるものです。

考えてみてください。あなたの生活はできごとや他人や環境に適応する必要に満ちています。適応のなかでは大きいものもありますが、ほとんどは比較的小さいものです。これらの適応への要請が、心理的・身体的反応をひき起こしますが、これがストレス反応とよばれるものです。

✣戦うか逃げるか

美しい春の日に、近所をゆったりと散歩する情景を想像してください。あなたはリラックスしていて、心は平安で、新鮮な空気を味わい、景色、音、そして風の匂いを楽しんでいます。突然、どこからかうなり声が聞こえてきます。怒った犬が近くにいるようです。すると、巨大な黒いドーベルマンが、あなたに向かって歯をむき出しながら走ってきます。あなたはどのように反応しますか?ふみとどまって犬と戦うかもしれません。しかし、あなたが賢明であれば、すぐにきびすをかえして逃げるでしょう。

ストレス反応を理解する最善の方法は、このような緊急事態に直面した時、何が起こるかを考えてみることです。そのような場合には、体が反射的に、「戦うか逃げるかの反応」とよばれる警戒態勢に入ります。

まず、アドレナリンの分泌器官が体内に大量のアドレナリンを分泌し、緊急事態に対処する準備をするための一連の適応が始まります。心拍数が高まり、大きい筋肉に大量の血が注ぎ込まれます。同時に、皮膚の表面近くの小さい静脈や動脈から構成されている末梢神経が収縮します。このために、皮膚の表面近くを流れる血が少なくなります。これは、戦いで負傷することに備えた大切な現象です。

緊急事態が去ると、副交感神経が働きだして、「戦うか逃げるかの反応」を鎮静させます。このような反応は、怒った犬と戦うような極端な状況では大変便利なものですが、私たちの日常生活においては、常に役立つとはいえないものです。人々が緊迫した会議から急に立ち上がって気にくわない人を全て殴ったりし始めたとしたら、人生はかなり複雑なものになってしまいます。ストレスマネジメントにとって根本的な問題は、一日に「戦うか逃げるかの反応」が二〇～四〇回も起こっていても、私たちはそれを鎮める機会をほとんど持たないということです。

もし、多忙な現代人の一日のストレス反応をグラフ化すれば、身体・精神の緊張レベルは、上昇し続けている株価のグラフのような形状を示すでしょう。グラフの突出部が、「戦うか逃げるかの反応」に対応し、続くなだらかな下降線が、気分の落ち着きを取り戻す過程と対応します。しかし、下降線は長くは続かず、また新たな突出部が出現し、ストレスレベルはじわじわと上昇を続けるでしょう。このような連続したストレス状況は、積もり積もって、人を疲弊させ摩滅させていきます。

一時のストレス反応では、人はさほどダメージをうけないでしょう。しかし、連日、ストレスカーブが上昇し続けているような状態で過ごせば、身体・精神に問題を生じてきます。常に頭が冴えていて、特定の原因のない漠然とした緊張感と警戒感が続く状態になります。慢性的に緊急時反応が起こっているので、心も体もほぐれることなく、次の怒った犬と立ちむかう準備をしつづけているような状態になります。

とめどもなく続くストレス反応の影響は、不安感と緊張感のみにとどまりません。「戦うか逃げるかの反応」は心拍数を高め、血管を収縮させ、より多くの血がより狭い場所に注ぎ入れられる結果、血圧を高めます。過大なストレスは心臓病や免疫機能の低下にもつながります。

男性と女性は、ストレスを感じる状況が異なり、ストレスによる身体的反応も異なります。オハイオ大学行動医学研究所におけるストレスと性差の研究では、九〇組の新婚カップルを対象として、夫婦がなんらかの葛藤を経験している場面が観察されました。夫婦が口論をしている間、それぞれの身体的ストレス反応が測定されました。女性の血圧は上昇し、コルチゾールやノルエピネフリンなどのストレスホルモンが激増しました。翌日には、女性の白血球の数は減少し、免疫機能が低下していました。他方、大多数の男性には、このような口論に起因する身体的な影響は現れませんでした。

新婚でない夫婦についても、この研究結果が同じようにあてはまりました。前述した「求める者－避ける者」の葛藤は、特に女性の健康に長期にわたるダメージを与えることが示されました。男性が、パートナーを避けてひきこもり、問題に直面するのを避けるのにもかかわらず、女性が逆に要求や非難を増幅させる場合に、女性の健康が損なわれることになるのかもしれません。しかし、夫婦間の葛藤が建設的に解決されると、このような悪影響は消失します。

✣「戦うことも逃げることもできないほど、疲れている」

人間の身体は、驚くほど自己保全的にできています。とどまることのない「戦うか逃げるかの反応」を鎮静できない場合、次の段階のストレス反応は、人が燃え尽きるのを防ぐために、当座しのぎの役割を果たすのです。これは、「保全－ひきこもり反応」とよばれるもので、身体が外界をシャットダウンするのです。

「保全－ひきこもり反応」は、「戦うか逃げるかの反応」に対して身体的に対極にあります。血圧は下がり、ストレスホルモンの分泌は減少します。「保全－ひきこもり反応」はおそらく、エネルギー枯渇状態の根底にあるものといえるでしょう。

❖感覚の麻痺

「保全―ひきこもり反応」は、一見すればストレスの嵐を鎮静化する、歓迎すべき現象に思えますが、一筋縄ではいかない問題を含んでいるのです。「保全―ひきこもり反応」は、確かにある種のストレスからは私たちを保護してくれるのですが、一方で他の種類のストレスのえじきになりやすくしてしまうのです。鎮静が、徐々に感覚の麻痺に転化し、それが身体的・精神的、そして人間関係における問題をもひきおこしていくからです。

端的に言って、麻痺というのは危険な状態です。感覚が麻痺してしまえば、人は、ストレスによる磨耗を中断するために、いつ必要な適応をすれば良いのかを知り得る能力を失ってしまいます。結果として、身体と心と人間関係が損なわれ始めます。

痛みは、身体が人に送ってくれる危険信号であり、有用なものです。「保全―ひきこもり反応」による感覚麻痺は、身体の健康を、さまざまな形で損なう可能性があります。

・自己免疫システムの反応が鈍くなる…これは、多くの人が、ストレスの多い時期が過ぎた後に病気になる現象と関わりがあると思われます。
・物事を明晰に考える能力を失う…集中力と注意力が鈍くなるので、事故を起こしやすくなります。

同様に、精神的な麻痺をおこせば、疲労困ぱいの状態でもそれに気が付かず、それまでしていた仕事を同じペースで続行してしまうでしょう。その結果、創造力と歓びの感覚を失うことになるでしょう。

また、麻痺状態においては、夫婦関係をいきいきと保っておくのは困難です。喜び、情熱、満足、ユーモア、発想の柔軟性、創造性、集中力、エネルギー、性欲などをすべて失ってしまっているのですから。

このような麻痺状態が、生活のある局面における大きな不幸感から発生してくる場合もあります。たとえば、長期にわたる夫婦間の葛藤、仕事上のトラブル、劣悪な住環境など、困難な問題で苦しんでいる場合に、人はその苦しみになんとか耐え、もちこたえるために、麻痺状態になることもあります。何が原因になっているのかに関わらず、麻痺状態は、あなたが何らかの変化をおこす必要があることを示すシグナルです。このシグナルを無視すれば、あなたはストレス反応の次の段階――疲弊状態――に進んでしまうのです。

✣ストレス反応に関するシグナルに気づくこと

人は「適応エネルギー」とよばれる貴重な燃料に依存して、いろいろな物事に対処していると考えてみましょう。その時々に使うことのできる適応エネルギーの量は限られており、それがたくさんの燃料タンクに分かれて貯蔵されています。ひとつひとつのタンクが特定の目的のために使われ、ある特定の活動をしたりストレスに対処するためのエネルギーを供給してくれます。ポジティブな生活の側面においても、ネガティブな側面においても、適応エネルギーを燃やして使うことを必要としています。

適応を必要とする時には、身体が適切なエネルギータンクから燃料をひき出します。そのストレスに実際に対処している時はもちろん、そのストレスについて考えている場合にも、タンクからの燃料を消費しているのです。このようにして、同時に複数のタンクからエネルギーを燃やしている場合があります。たとえば、職場でのトラブルについて考えながら、子どもとおしゃべりしている時には、「家族関係に対処する」タンクと「仕事のストレスに対処する」タンクの両方からエネルギーを消費していることになります。

ひとつのタンクから長い時間、エネルギーをひきだしつづければ、タンクの中の適応エネルギーがなくなってくるので、身体や脳が「タンクを変更する時間です」というシグナルを送ります。このようなシグナルは以下のような形をとって表れます。

・何かひとつの物事を、快適さの限度を越えてし続ければ、あなたの身体が、「タンクの変更」を求める肉体的なシグナルを送ってきます。例えば、コンピュータで長い間仕事をしていれば、目が疲れてきたり、長時間座り続けたせいで体が痛くなってきたりします。

・「タンクの変更」を求めるシグナルが精神的なものである場合もあります。ひとつの物事を長時間しつづけたせいで、集中力がなくなったり、いらだってくるのがその例です。コンピュータの画面の情報が、もはや刺激的で面白いものではなく、つまらない、腹立たしいもののように思えてきます。

・思考力の低下も、「タンクの変更」のシグナルのひとつです。集中力が落ち、抽象的思考が困難になり、記憶力が悪化し始めます。

これらの警告シグナルをきちんと受け取って、タンク変更を行い、他の活動に移れば、ダメージを受けることはありません。しかし、今日、多くの人が感覚を麻痺させる名人となっていて、燃料タンクが空だという警告を無視して、とりかかっている物事を中断せずにやり続けるのです。このようなことは、身体と心、そして夫婦関係にもダメージを与えることになります。

身体や脳から送られてくる、ストレス反応に関するシグナルに気付くようになること、これが、「夫婦のためのストレス克服プログラム」の大変重要な最初の一歩です。

❖変化のもたらすストレスに対処する

変化は、どのような形のものであってもストレスを引き起こします。悪い方向への変化のみでなく、望ましい変化であっても、それらは適応を必要としますので、ストレスの原因となります。たとえば仕事上の昇進、新しい家への転居、赤ちゃんの誕生なども、喜ばしいことであると同時にストレスのかかることでもあります。

変化には二つの種類――連続的変化と不連続的変化――があります。コンサルタントのアーニー・ローソンの比喩を引用すれば…。

カエルを冷たい水を張った鍋の中に入れ、鍋をガスの火にかけると、カエルは気付かずに水の中を泳ぎ回るでしょう。水の温度が徐々に上昇していっても、その微妙な変化に気付くことがなく、たとえ気付いてもその時にはもうすでに手後れでしょう。

他方、もし、カエルを熱しつつあるお湯の中に入れたとすれば、その突然の変化によるショックがカエルを警戒させ、カエルは鍋からいち早く飛び出すでしょう。

前者が、連続的変化の例で、その場合変化のプロセスは徐々に起こるので、変化に気付かないのです。このような変化は、例えば夫婦のつながり、職場での活気、私たちの健康などを徐々にむしばんでいくのです。

後者が不連続的変化の例で、何か一大事が起こりつつあるという警告シグナルを伴っています。例えば、パートナーが不倫をしたり、同僚が失業したり、病気になって障害を背負うことになってしまったような場合です。このような変化は私たちに衝撃を与え、何が起こっているのかについて注意を向けさせますが、変化がやってくることを示す微妙な徴候が、以前にもあったとその時点で気付くこともしばしばあります。

私たちが、感覚を麻痺させつつストレスのたまる状況をがんばりとおしてしまえば、なんらかの不連続的変化に遭遇するまで、連続的変化を無視するというリスクを冒していることになります。いつの間にか、夫婦の親密さがなくなってしまったり、職場でのやる気が失せてしまったり、健康状態が悪化していたりしてもその変化には気付かないで過ごしてしまうのです。

❖変化のもたらすストレスへの対処術

一．どんな変化でもストレスの原因になることを覚えておきましょう。

わくわくするような良い方向への変化でさえも、未知の領域にあなたを導くのですから、ストレスの原因となります。あなたのパートナーが直面している変化にも敏感になりましょう、たとえそれが良い方向への変化であっても。

二．チャンスに飛びつく前に、立ち止まってもう一度考えてみましょう。

あなたの精力的な人生がもたらす全てのチャンスに飛びつくのはやめましょう。できる限り、あなたとパートナーの現在の生活やニーズを尊重し、大きい変化にはタイミングを見計らって慎重になることにしましょう。その変化が心躍るようなものであったとしても、その機会を受け入れてしまう前に一度立ち止まって考えましょう。この変化に対応するために払われる代償は、あなたとパートナーにとって、それだけの価値があるものなのか、自問して、あなたのパートナーにも、忘れずに尋ねてみましょう。

自分の現在の生活状況をかえりみて、あなたがその変化を本当に求めているのか、今この時点でその変化を受け入れる余裕があなたの生活にあるかどうかについて、考えてみましょう。現実的で正直になりましょう。自分の価値観を明らかにし、その確信に従って生きていくのは勇気がいることです。しかし、あなたの人生の脚本を書くのは、他人や偶然の状況ではなく、あなた自身でなくてはならないのです。

三. 自分の決断について肯定的でありましょう。

もしあなたが、今この時に変化を起こさないことを選んだとしても、その変化が重要なものであれば、また次のチャンスはやってくるということを覚えていましょう。もし、その機会がやってこなければ、それはあまり重要なことではなかったのです。

あなたが変化のチャンスを自分から受け取らなかったのなら、その決断について、あなたとパートナーが十分に納得し、肯定的にとらえることが大切です。変化を辞退したという決断を、勇気と、判断力と、知恵と、成熟と、互いへの愛情を示すものとして、また、「夫婦のためのストレス克服プログラム」への主体的な関与のあかしとしてとらえましょう。

将来もし望むなら、似たようなチャンスをつくりだすことができる自分の能力を信じましょう。すばらしいチャンスのように見えたものを逃してしまうというある種の喪失感に適応できる自分の能力を信頼しましょう。また、今回変化を起こしていたなら、その変化に伴ってやってきたであろうストレスを回避できたことに対して、安堵しましょう。

四. 起こっていることにはすべて意味があると信じましょう。

私たちは、事態の展開に信頼感を持っている時に、最も上手に物事に対処することができます。職場における組織の再編成にしろ、家庭生活における新しい段階への移行にしろ、起こっていることには全て何らかの意味と意義があるというように信じることが大切です。このことは、自分の苦悩に対しても意義をみつけるということを意味します。

五. 火に油を注ぐのは止めましょう。

変化の最中に、本来なら不要な変化を自分で付け加えることによって、もともとの変化に対処しようとするような間違いをしないようにしましょう。

人は、望んでいない変化に直面した場合に、この種の間違いをする傾向があります。例えば、離婚や恋人との別離に苦しんでいる人々はしばしば、カップル同士としてつきあっていた友人を切り捨てようとしたり、パートナーと共に入会していたクラブやサークルなどを脱退してしまおうと考えます。また、引っ越してしまって、どこか違う場所で全く新しい生活を始めようとする人もいるでしょう。これらの決断は、結果として、ストレスと苦痛をますます増やすだけになってしまう可能性があります。

一から出直すことは、確かに効果的なストレス克服法となりえます。しかし、まずは、時間をとって、最初の衝撃とストレスを吸収するところから始めましょう。しばらくして最初の精神的打撃が少しずつ収まったところで、いろいろな選択肢を検討してみましょう。自分の生活のどの局面を変えていきたいのか、より明晰に考えることができるでしょう。

六．変わらないものに気付きましょう。

未知のものに対する恐怖心は、変化を困難にします。この恐怖心を取り除く一つの方法は、変化を経た後でも変わらないものは何かを意識することです。家庭における変化でも職場における変化でも、その変化が起こった後で、何が変わり、そして、何が変わらず同じままであるのか、具体的に考えてみましょう。

七．自分自身とパートナーに十分なケアを与えましょう。

変化はストレスのもとであるだけでなく、恐怖を伴うものです。スタミナは恐怖からではなく、ケアされることと理解されることから生まれます。大きな変化の最中には、自分自身とパートナーに対して、十分なケアを忘れずにいることが大切です。

❖生活環境からストレスを取り除く

私たちは、心拍数を上昇させ、筋肉を緊張させ、イライラを増幅させるような、混雑していてうるさいスペースで、大半の時間を過ごします。しかし、多くの人が環境をストレス要因として認識していないのです。

あなたの過ごす場所の持つ外見や音、感触、匂いは、あなたにとって、どれほど重要な意味を持っているでしょうか。ストレスの多かった一日が終わり、自宅に戻っていくところを想像してみてください。ドアをあけると、ラジオが大きい音でかかっていて、その隣の部屋ではテレビの音声が騒々しく響いています。電話が鳴り、家族が大声で話し、騒音がますますひどくなります。

キッチンに入って、見回すと、物が乱雑にちらかっています。新聞がテーブルの横に広がっていて、朝食の皿がまだシンクにたまっています。衣類が椅子の背にかけてあり、先週から目をとおしていない郵便物がカウンターにうず高く積みあがっています。汚れたままの食器やあふれんばかりになっているゴミ箱からは悪臭が立ち上っています。こんな状態の家に帰ってくるところを想像すると、あなたはどんな気分になるでしょうか。

深呼吸をして、リラックスしてください。今度は、整理と掃除をしたばかりのきれいな家を想像してください。玄関から、ひとつひとつの部屋を覗いてみると、全てのものはきちんとかたづけてあり、キッチンもきれいになっています。食器や衣服は片付けられ、ゴミは捨てられています。家全体が清潔で、あなたの帰宅を歓迎しているかに見えます。

さて、仕事で忙しかった一日を終えて、このきれいに片付いた家に帰ってくるところを想像してみてください。あなたは、静かに奏でられている音楽と花瓶にさしてある花の良いかおりに迎えられます。手入れの行き届いたキッチンに入っていくところを想像すると、今度はどのような気分になるでしょうか。

✣環境によるストレスへの対処術

一．ストレスをひどくする要素をとりのぞきましょう。

あなたがすでにストレスがたまっている状態にあるなら、生活環境をなるべく心地のよいものにするためできるだけのことをしましょう。気が散るような音は消し、刺激の少ない部屋に行きましょう。書斎をきれいに整頓する時間を作って、仕事のストレスを少しでも軽減しましょう。

二．心地よい休息の場所を作り、そこで定期的に時間を過ごすようにしましょう。

これは、休暇のたびに美しいリゾートを訪れなくてはいけないということではありません。むしろ、自分の家の中に、または庭に、近所に、お気に入りの場所を作り、毎日または毎週訪れて、そこでリラックスすることを生活の一部に取り入れるべきだということです。お気に入りの椅子でさえもあなたにくつろぎの時間を与えてくれるでしょう。

❖価値観と調和がとれた生活をする

あなたは自分の価値観と調和がとれた生活をしているでしょうか。私たちはややもすると、自分の内面的ニーズや価値観に合致していないような仕事や行動で毎日を埋めつくし、その結果、精神的な緊張を招いてしまうことがあるようです。以下のリストによってあなたの価値観を再検討してみましょう。

〈価値観チェックリスト――あなたの人生において重要なことはなんでしょうか――〉

- 生活が安定していること
- 地位や名誉を得ること
- 人に好かれること
- 人に認められ、尊敬されること
- 愛情に満ちた生活をすること
- 自分の所属する集団のために献身すること
- 意味のある友情を築くこと

・自分の精神性を高めること
・冒険すること
・人から受け入れられること
・権力を持つこと
・達成感を得ること
・何らかの分野で権威となること
・他人に奉仕すること
・有名になること
・家族仲がいいこと
・人生をエンジョイすること
・健康であること

一．夫婦としてでなく、ひとりの個人として、あなたの人生においてもっとも重要だと思う項目を五つあげて下さい。あなたが重んじるべき価値や、あなたのパートナーの価値ではなく、あなた自身の価値について、正直に考えて答えてください。

二．もう一度リストを読み、今度はあなたの人生において重要だと思わない項目を五つあげてください。

自分の解答を検討する際、以下のことを考慮してください。一六八時間ある一週間のうち、睡眠、仕事、家事などに費やされる時間を除くと、毎週二五〜三五時間ぐらいしか、自由になる時間は残されていないのです。ほとんどの人は、この自由時間の少なくとも半分を、自分の価値観と関係のないことをしてすごしています。

自問してみてください。先週一週間のうちで、あなたの上位五つの価値観を実現するような行動に対して、あなたはどのくらいの時間をさいたでしょうか。

最後に、パートナーと、互いの解答の結果を比べてみましょう。あなたがたはどこが共通していてどこが違うのでしょうか。互いが大切にする価値について話しあいましょう。また、自分が大切に思いながら、なかなか実現にむけて行動ができないでいる価値はどれか、注意してみましょう。そしてなぜその価値が実現を阻まれているのか、検討してみましょう。

❖価値観と調和しない生活によるストレスへの対処術

一．互いを支え合いましょう。

自分自身と、パートナーに、何が各自の人生にとって本当に重要なことなのか思いおこさせましょう。ストレスに強い人たちは、現実的に可能な限りにおいて、自分の価値観と調和するように行動します。価値観と合致した生活ができない時、パートナーからの理解と支えは不可欠なものです。そして、人生という長い旅の同志であるパートナーの存在に対して感謝を示しましょう。

二．最初は、小さいことから始めましょう。

あなたの現在の生活を、あなたの価値観とより調和のとれたものにするために、できることを見つけましょう。そして小さいことから始めましょう。「自分は今本当は何を考え、何を感じ、何を求め、また何を必要としているのだろうか」ということを、立ち止まって自問する習慣をつけましょう。

三．自分の力を信じましょう。

あなたの内的な価値観に、あなたの行動を一致させていく小さい選択の積み重ねが、心の平和への道のりとなるのです。勇気をもって、小さい変化を起こし、その努力を継続していくことが、ストレスにうちかつカギなのです。

❖役割間の葛藤を解決する

仕事、家庭、夫婦関係、そして自分自身――複数の役割のパーフェクトなバランスをとって生活している人はまずいないでしょう。また、その人の年令や、職場・家族のその時々の状況により、ある一時期、エネルギーをどこかの局面に集中させることもあるでしょう。それがその時かぎりのもので、つねに残りの役割を無視しているというのでなければ、問題をひきおこすものではありません。役割間のバランスがとれなくなった時期には、それを上手に管理することが大切です。

✣複数の役割がもたらすストレスへの対処術

一．現状を理解しましょう。

まず、現在のあなたの人生で、仕事、家庭、夫婦関係、そして自分自身のうち、どの局面に最も焦点を当てているかについて、自問してみましょう。あなたの人生の段階によって、現在の生活状況によって、また、ある物事についての特別な情熱によって、どこに最も大きいエネルギーを使うのかが決まるのです。あなたのパートナーについても、彼または彼女が、どの局面に最も焦点をあてているのか、考えてみましょう。

二．「これで十分」のバランスを目指しましょう。

目標は、異なる生活分野の間で、長い目でみて、これで十分だというバランスをとるということです。パーフェクトなバランスは不可能ですし、不必要です。しかし、長期にわたってある役割を極端に無視するのはいけません。一つの役割があなたのなかで大きいエネルギーを占めている時でも、時には意識して、あまり注意を振り向けていない役割を優先する期間を作ることが大切です。

三．パートナーからフィードバックを得ましょう。

自分を正確に観察することは難しい場合があります。パートナーからのフィードバックは、よりバランスのとれた生活をするために、自分が何をどう変えていく必要があるのかを、明らかにしてくれます。パートナーとのチームワークをより向上させるためにできることは何でもしたいという態度で、フィードバックを求めることができれば、パートナーは親身になって有用なヒントを与えてくれるでしょう。

❖効果的に時間を管理する

ストレス管理において、時間は悪役のように思われています。時間は、私たちを際限なく追い立て続け、いわば克服するべき敵であるかのようです。時間が足りなくなる前に、仕事が全て終わるということはほとんどないので、私たちは罪悪感に苦しみます。

最も重要なことは、定期的に自分をケアし、いたわるための時間を作り出すことです。仕事や心配ごとは一時忘れて、心地よくリフレッシュできる時間をとりましょう。そうすることで、エネルギーがわき、生活はいろいろな局面において改善されることになるでしょう。

大きなストレスをやりくりしてがんばって働いている人たちには二つのタイプがあるようです。第一のタイプは少数の例外的な人たちです。この人たちには、高いストレスレベルのもとで生活するのは有害である、という一般的な事実があてはまらないかのようです。仕事の分野でも私生活でも成功し、客観的に見れば巨大な量のストレスを上手に管理し、切り抜けていきます。

第二のタイプの人たちも、第一のタイプと同じく、エネルギッシュにたくさんの役割をこなしていますが、神経の磨耗や肉体の疲労を切り抜けようと苦闘しています。ここで重要なのは「苦闘」という言葉です。前述の例外的な人たちとは違い、このような人たちは、ストレスと燃え尽きの明らかな徴候を示し、まさに「苦闘」しているのです。

第一のタイプと第二のタイプの違いは、時間管理の方法の相違に起因します。第一のタイプの例外的な人たちは、自分の活動を多様化するための時間をとっています。彼らは一週間をさまざまな活動によって多様化し、主として使っている「適応エネルギー」のタンクを定期的に休めるようにしているのです。この多様化により、彼らは常に、新鮮な適応エネルギーを比較的満杯のタンクから引き出すことができるのです。彼らのなしとげることがすばらしいのも、もっともなことです！

✣時間によるストレスへの対処術

一．楽しむことを後まわしにしないこと。

自己管理しようとして、かえって逆効果になってしまう場合があります。例えば、ある目標が達成されるまで、人生を楽しむことを遅らせるような場合がこれにあたります。子どもが成長し、ひとりだちするまで待ってから、自分の恋愛を楽しもうとする人、会社で昇進するまでは、家族との生活を犠牲にする人、理想の体型になってから、性生活に喜びを見い出そうとする人…。

もちろん、意味のある目標を追求する間、そのことにエネルギーを集中するのは悪いことではありません。しかし、一時だけのこととして始まったことが終わりなく一生続くプロセスになってしまうことがしばしば見られます。「〜（できる）まで待つ」というあり方は、一生待ち続けるということにもなってしまう可能性を持っているのです。

二．本当の意味での「多様化」をはかりましょう。

自分の生活を多様化してストレスを減少させようとしている人が、実際には、ひとつのテーマを形を変えて繰り返す活動をするばかりで、結局余計に疲れてしまうということがしばしば見られます。デビッドの例を見てみましょう。

デビッドは、大企業の財務部の副部長です。彼は、感情の起伏が激しいこととマネジメント能力の不足により、会社の健康推進課から私たち（筆者）のカウンセリング・クリニックへ紹介されてきたのです。会社は、彼の熱心な仕事ぶりと会社に対する忠誠心は評価していましたが、管理者としての適性には疑問を持ちはじめていました。

カウンセリングの過程で、デビッドは、常に休みなく仕事をしていたために燃え尽きてしまったことが、明らかになりました。彼は、四年前に副部長に昇進しましたが、この時、彼は、副部長として成功することによって、自分が有能であり、この地位に相応しいことを証明すると決意をしました。「妻と私は、この昇進を受け入れるにあたって、何週間も話し合いました。そして、副部長としての最初の五年間で成功をおさめれば、私たちの将来はほぼ保証されるであろうという結論を出したのです。私にとって大きいチャンスが巡ってきたのです。妻は、私生活を一時的に犠牲にしても、私を応援してくれると言ってくれました。」

「自分では、ストレスにうまく対処しているつもりです。私は、計算など数字を扱うのは苦手なのですが、部下のマネジメントなどは楽しんでやるほうです。ですから、仕事でストレスがたまった時は、一時間ぐらい休息の時間をとって、マネジメントに関する本を読むようにしています。そうすれば仕事にも役にたちますから、一石二鳥というわけです。」

「昼食をとりながらの会議は、好きな人としかやりません。消化不良になるのはいやですからね。」

「通勤の自動車の中では、マネジメントに関する講義テープを聞いています。どのように部下を管理するか、良いヒントを与えてくれます。」

「家族と夕食をとる時は、会社の書類などを広げたりしません。夕食が終わって、子どもたちがそれぞれ宿題を始めるまで待って、それから自分の仕事を片付けるのです。」

「寝る前に、読書をするのが好きです。気軽に読める心理学の本や業界誌など、役に立って、なおかつ、読むのがラクな本ばかりですがね。」

デビッドは、「多様化」とは何なのかを誤解しているのです。彼は、本当の意味での休息と、仕事のバリエーションである行為とを混同しているのです。仕事上のストレスに対処するために、仕事以外の活動をして多様化を図っているつもりなのですが、彼のしていることは実際には、仕事になんらかの関係のある「仕事のバリエーション」といった活動です。仕事に注ぐエネルギーと同じ種類のエネルギーを使い、その結果、疲弊し、燃え尽きてしまっているのです。多くの人がデビッドと同様な間違いをします。彼のしていることの多くは、ストレス管理に有効だとされている方法とかなり類似しているからです。例えば、あまり気が進まない仕事を、好きな仕事でサンドイッチのように挟むことや、仕事に関連する分野で、読書などをして知識を増やすことも賢明なことです。

しかしながら、私たち（筆者）が提唱している「多様化」は、デビッドのとっている戦略とは違うものです。デビッドは、ひとつの場所（仕事に関する適応エネルギーのタンク）だけからエネルギーを引き出し続けているのです。彼は一見、仕事以外にも多様な活動をしているように見えますが、実は、寝ている時間以外のほとんどを仕事関係のことに費やしているのです。彼が燃え尽きてしまうのも当然のことでしょう。

2 生活のペースを見直す

現代人の多くは、毎日をまるで競争でもしているかのように駆け抜ける、あわただしい生活をしています。今日人気のあるマネジメントコンサルタントたちは、「会社にとって必要不可欠な人間になれ」「所属する仕事チームの業務の全局面について直接の知識を持て」「勝っていなければ負けているのだと思え」などと説き、多くの人がこの言葉を内面化しています。

しかし、このようなコンサルタントのアドバイスにもかかわらず、仕事のペースを落とし、ギアチェンジをしようとする人々も増えています。あなたも、他人の仕事中毒の価値観に影響されて自分を失ってしまうことを拒むことから始めましょう。

一九九〇年代に行われたさまざまな調査によれば、人生で仕事を最も重要なことであると考える人は、回答者の約三〇％に過ぎませんでした。また、ロバート・ハーフ・インターナショナル社の一九九六年の調査によれば、アメリカ人の三分の二近くが、家族と過ごすプライベートな時間をより多く取りたいと希望していて、そのためには勤務時間を減らすことや、給料が低くなることもかまわないと感じています。

拡大する一方の生活を縮小していこうと努力する夫婦たちを、私たち（筆者）はたくさん見てきました。しかし、会社で残業をせず早く帰宅するようになっても、多くの人は会社での役割以外に多数の役割を抱えているので、結局は依然として働き過ぎになる傾向が見られます。遊んだり、ただリラックスしたり、花を植えたり、パートナーと目的もなく散策したりするような時間は、なかなか持てないのが現実のようです。バランスのとれた生活をするためには、まず、「忙しがり病」を克服するための現実的な計画をたてることが重要です。

❖生活のペースを変えるには

スーパーカップル症候群を克服して、より幸せなカップルへと成長していく夫婦たちは、働くことを止めてしまうのではありません。生活のペースと行動を変えるのです。彼らが一緒に働いたり、通勤する場合には、互いの忙しさのせいで傷つけあったりしないように気をつけます。昼間、顔を合わせないのなら、夜二人が一緒に過ごす時、共に良い時間が過ごせるように、上手に自己管理してエネルギーを貯えておきます。以下の二〇項目は、一日の生活のペースを落とし、夫婦関係をより親密なものにするための手がかりとなるものです。

一．一日をゆっくりと始めましょう。

沈黙の時間を数分とることから、一日を始めましょう。一日がスムーズに展開していくさまを思い描いてみましょう。オープンに、かつ穏やかに家族と接しているさまを想像しましょう。


二．快適な身体感覚に注意を向けましょう。

通勤の準備をしている時、まず、自分の呼吸に、次に身体の中でもっともリラックスしている部分に静かに注意をむけてみましょう。あなたがパートナーと一緒に通勤しているのなら、通勤の少なくとも半分以上の時間を、互いに対して注意を向けることに費やしましょう。


三．緊張の感覚に気付き、それを解放しましょう。

通勤の間、緊張の徴候に気付いたら、その緊張を解放しましょう。運転中、ハンドルをぎゅっと握りしめていることに気付いたら、その手を緩めて緊張をほぐしましょう。いかり肩になっていたら、肩を下げてリラックスしましょう。


四．通勤途中に静かな一人の時間を持ちましょう。

自分の内面から注意をそらさず一人でいることに対し、快適になることを学びましょう。通勤の途中は、ラジオやCDなどを消しましょう。職場に着けば、すぐに目まぐるしい活動の渦のなかに巻き込まれて、自分の内面を見つめている時間などなくなってしまうのですから。

五．通勤はゆったりしたペースでしましょう。

家を出るのを一〇分早めてでも、通勤中は、意識して自分のペースを落とすようにしましょう。自動車通勤の人は制限速度またはそれ以下で運転しましょう。自分のペースをコントロールできれば、自分をコントロールすることは比較的容易になります。

六．五感からの情報を意識してみましょう。

自分の呼吸、回りの色彩、シートに座っている自分の身体の感触に、注意を向けてみましょう。このような、感覚からの情報を意識することで、不安をもたらすような考えやイメージはあなたの頭を占めなくてすむことになります。

七．職場に着いたら、ポジティブなイメージを思い描きましょう。

職場に着いたら、駐車場の中やエレベーターを待つ間、数分の時間をとって、仕事に入る心の準備をしましょう。その日にする仕事で、自分が楽しみにしていることを三つ、または、仕事場で会えるのが楽しみな人の顔を思い描いてみましょう。

八．仕事にとりかかる前にリラックスしましょう。

自分のデスクに座ったら、仕事を始める前に、自分の体をチェックしてみましょう。どこか緊張しているところがあるでしょうか、それともリラックスしているでしょうか。リラックスして、不要な緊張を取り去りましょう。

九．一時間に数分間はリラックスする時間をもちましょう。

一時間のうち、数分間は、仕事を止め、リラックスしましょう。ただ単に仕事を中断するのでなく、自分が本当にリラックスできることをします。必要以上にコーヒーを飲んだり、たばこを吸うのは避けます。散歩をしたり、机に座ったまま目を閉じてなにか楽しいことを想像したり、パートナーと電話などで連絡をとるのもいいでしょう。もちろん、この時、夫婦の抱えている問題を話し合うのではありません。パートナーと事前に話し合って、昼間に連絡を取り合う際には、互いを励まし支えあう努力をすることを約束しておきましょう。

10．昼食時には、机から離れましょう。

一日に少なくとも一回は、仕事から全く離れる時間をもちましょう。昼食は自分の机から離れてとりましょう。週に一、二回は、一人で静かに昼食をとるようにしてみましょう。仕事はせず、読書もせず、ただゆったりと食べましょう。

二．仕事を再開する際に、意識してリラックスしましょう。
昼食後、仕事を再開する前に、二、三分リラックスする時間を意識的に持ちましょう。

三．何らかの合図を作って、自分をリラックスさせましょう。
自分にリラックスすることを思い出させるきっかけとして、あなたの環境の中で使えるものがあるでしょう。例えば、電話のベルが鳴ったら、あわてて受話器をとらず、ひと呼吸おいてリラックスするのもひとつの方法でしょう。電話を切る時、エレベーターを待っている時、机の小引き出しを開ける時、または、コンピュータ・スクリーンでファイルを変える時、「リラックスする」ということを、自分に思い出させるようにするのも良いでしょう。

三．同僚と雑談しましょう。
一日に一回は、同僚と仕事に関連のない話をするための時間をとりましょう。同僚の職場以外の生活に対して、関心を持って耳を傾けるようにしましょう。

一四．あなたの人間的な面を同僚に見せましょう。

信頼できる同僚に、あなたが心配していることや後悔していることなどを打ち明けてみましょう。他人にあなたの弱みを見せることは、あなた自身にとっても、自分の内面を改めて認識し、感覚麻痺から抜け出せる効果があります。

一五．一日の終わりに、「今日終えることのできた仕事のリスト」を作りましょう。

一日の仕事の終わりに、その日に活動を振り返り、成し遂げたことに対して自分を認め、評価しましょう。その日に終わらせられず残ってしまった仕事をリストアップするだけでなく、終わらせることができた仕事にも注意を向け、それについて肯定的な気持ちを持ちましょう。

一六．帰宅途上の身体の感覚に注意を向け、それを受け入れましょう。

帰宅の車の中では、自分の呼吸、回りの匂いや音、身体の冷えまたはあたたかさ、疲れの感覚などに注意を向けてみましょう。これらの感覚を抵抗せず受け入れましょう。

一七．職場モードから家庭モードに切り替えましょう。

帰宅の途中で、意識的に、職場から家庭へと移行する心の準備をしましょう。ペースを落とし、急ぐのをやめましょう。家族のことを思い浮かべ、だんらんのひとときを想像してみましょう。また、自分をケアするために今夜何をするか、少なくとも二つ思い浮かべてみましょう。

一八．自分にとって最も大切な人たちと一緒にすごすためのギアチェンジをしましょう。
帰宅したら、自分にとって最も大切な人たちと一緒にいる時間なのだということを自分自身に意識させましょう。最も愛する人たちと一緒に過ごすための、ギアチェンジをしましょう。

一九．家族ひとりひとりと挨拶をし、今日一日の様子を尋ねましょう。
まず、家族ひとりひとりにただいまを言い、数分間時間をとって会話をしましょう。今日はどんな一日だったのか尋ね、その答えに注意を払いましょう。その後、自分の部屋で静かな一人の時間を持ち、役割（と衣服）を替え、家族と合流しましょう。

二〇．あなたには休息が必要であることを忘れずにいましょう。
家にいる時間を、たくさんの家事に費やす誘惑に負けてはいけません。どんなに働き者の人であろうと、休息をとる権利があることを忘れずにいましょう。家庭で憩い、家族と楽しい時を過ごす時間を持つことは、その日の疲れを回復し、翌日に備えるための、最善の方法です。

◈忙しがり病を直す四つのカギ

以上の二〇項目は、忙しがり病に抗する効果的な方法です。繰り返し練習すれば、それは新しい習慣となり、自然と生活のペースを落とすことができるようになるでしょう。

しかし、忙しがり病を真に克服するには、あなたを取り巻く外部世界の要求から、あなた自身とあなた方夫婦とを守り隔てる境界線をしっかり引くことを学ぶことが重要です。他人からの要求や、あなた自身の野心に対しても、時にノーを言えるようになることは、あなたとあなたの夫婦関係が健全に保たれるため必要不可欠なことです。

一．何も計画がない日を作りましょう。

一ヶ月に少なくとも一日は、何も計画しない「空白の日」を作っておきましょう。最初は不安に思うかもしれませんが、その日は夫婦二人でリラックスしてすごしましょう。

二．小さいケアから始めましょう。

自分に対するケアを少しずつ始めましょう。楽しむための時間をとりましょう。昼寝、娯楽のための読書、映画、ゆったりとした散歩などをしましょう。一週間には三〇分間が三三六回あるのです。そのうちいくつかの三〇分を、一人で、または夫婦一緒に楽しむために使うことができるはずです。それでもたくさんの時間が仕事のために残っているでしょう。

三．自分を信頼してリラックスしましょう。

多くの人は、一度リラックスしたり遊んだりしてしまえば、もはや忙しく働く生活に戻れないのではないかという恐怖を持っています。これは逆であって、休息することによって、働くことに対する意欲が湧いてきたり、夫婦関係もより満足のいくものになっていくのです。

四．家族と一緒に過ごす時間の大切さを常に意識していましょう。

電話にせよ、ファックスにせよ、速達にせよ、他人からの依頼にせよ、私たちは常に自分の時間を外部からコントロールされてしまっているようです。家族と共に過ごす時間は知らず知らずのうちに少なくなってきます。デビッド・ウォーターズとテリー・サンダースは、「家族と一緒にすごそう」というメッセージを定期的に発する何らかの道具を持つことを提案しています。コンピューターのカレンダーやスケジュール帳を使っている人たちは、これらを、家に電話したり、パートナーに花を贈ったり、夫婦で一晩楽しい時を過ごすなど、家族と一緒に過ごすことを自分に思い出させる道具として使ってみましょう。

❖生活のペースを変える際に注意すべき点

ペースを落とし、長年の感覚麻痺を克服し、体と心のつながりを再確立したら、以下のような感情を経験するかもしれません。ひとつは、新しい領域に入って行くことに対する不安です。その領域がいかに健康的なものであっても、不慣れな領域であることに違いありません。しかし、その不安を乗り越えていくことは良い方向への変化において必要な段階であることを覚えておきましょう。

次に、怒りや悲しみの感情があなたを襲うかもしれません。より人間らしいペースの生活を楽しみ始めるにつれて、あなたも、普通の人が楽しむ基本的なこと、（つまり、リラックスしたり、人とのつながりを持ったり、疲れたときに休んだりなど）を楽しく感じるということに気がつくでしょう。そして、これらのごく基本的な楽しみを自分に与えてこなかった過去を振り返る時、悲しみと怒りの感情が沸き上がってくるかもしれません。

また、ライフスタイルを変えていこうとする時、それを理解しない人たちに対して警戒心を持ったり、イライラしたりすることもあるでしょう。あなたが変わっていく過程で、そのような他人に対処する仕方を学んでいかなくてはならないでしょう。特に、あなたのパートナーがあなたの変化を歓迎していない場合、それはなおさら必要なことです。

✣自分は自分、他人は他人

多くの人が、個人に多大な犠牲を強いる職場で働いています。今日の労働者の五分の二が、仕事は家庭生活に悪影響を及ぼしていると感じていますし、会社などの勤務規則は、多くの場合、労働者の裁量の及ぶところではありません。一九九五年現在、大企業の七三％は、従業員の家庭生活を尊重するための何らかの施策を持っていると主張していますが、これらの施策が、実際に効果をあげているのか否かについては議論が分かれるところです。

仕事と家庭のバランスをどう取るかという選択において、どんな選択をしても、人は苦労を免れることはありませんし、しなかった選択に対しては、後悔の念をいだきます。人は、自分とは違う選択をしている他人に接すると、自分の選択が本当に良かったのかどうかについて動揺したり、感情的になったりします。

たとえば残業をしない男性たちに対してあなたはどのような反応をするでしょうか。大きな家具製造会社の課長であるロンはこう言います。

「私は毎朝七時前には職場に着きます。明るいうちに帰宅することはありません。一日一〇～一二時間は働いている計算になります。やらなければならない仕事は増えていくばかりです。それなのに、他の人たちときたら――私の上司も含めてですが――五時とか五時半になると、どんなに仕事が残っていようと、さっさと帰宅してしまうのです。上司は私のことを働き過ぎだとさえ言うのです。

確かに私は一生懸命になりすぎる傾向があるかもしれません。けれど、九時－五時のスケジュールをきちんと守る上司を見ていると、もし彼がもう少しでもがんばってくれれば、売り上げ目標数値を達成できるだろうということや、上司がこんなにいい加減ならば、彼が解雇されて私が彼の地位につくのも時間の問題だろう、というような感慨を持ってしまいます。」

女性たちも、互いに対して批判的な態度をとることがあります。私たち（筆者）のカウンセリング・クリニックに来ているシャロンとジョイスの、互いに対する見方に、その葛藤がよく表れています。シャロンとジョイスは有名な会計事務所の同僚ですが、偶然にも二人とも私たちのクリニックを訪れていたのです。もちろん互いにそのことは知りませんでしたが。

シャロン「産休を取ることで、もっとも苦痛なのは、同僚のジョイスの態度です。彼女は皮肉めいた口調でくり返しこんなことを言うのです。『あなたが赤ん坊にミルクをあげている間、誰があなたの仕事をひきつがなくてはいけないのかしらね』。彼女の態度は男性の同僚よりもひどいのです。キャリア志向が強くない女性は軽蔑する、とでも言いたげです。
私だって、ジョイスがうらやましくなることがあります。彼女と御主人は二人でたくさんお金を稼いでいて、よく世界中を旅行していますし、生活を本当に楽しんでいるのです。私のほうは、毎日家へ帰れば、おむつの洗濯や子どもの世話に追われ、週末はすべて家事で潰れてしまうのですから。」

ジョイス「私は仕事も好きですし、主人ともうまくいっています。でもどうしても頭から離れないことがあるのです。子どもを持たなかったこと、それが本当に正しい選択であったのかどうか、悩み続けているのです。同僚の女性が産休や育児休暇をとると、私はその同僚に対して怒りを感じてしまうのです。彼女たちの妊娠が、私の神経を逆撫でするのです。子どもを持たないという選択をしたことについて、それを自分で受け入れるなんらかの方法を見つけなくてはいけないとは思っているのですが。」

仕事と家族との間の適切なバランスを見つけるのは、個人個人の問題です。どこにも正解というものはありません。完全なバランスとまでいかなくても、仕事と家庭生活の両方に、交互にエネルギーを注ぐことができる状態であれば、男性も女性も、高いレベルの幸福感を得るようです。また、ジャーナリストのジョセフ・ノセラが言うように、「どうしてもバランスをとるべきだ」というような態度は、勤勉に働くことを悪いものとして、逆にレッテル貼りをすることにつながります。時には、家族に対して「あなたたちのことをとても愛しているけれども、自分の仕事もとても大切にしています」と言うことが、最も正直な場合もあるのです。他人の仕事／家庭のバランスに関する選択が、自分自身のそれと違うからと言って、その人を悪く判断するのは間違っているのです。

3 行動を変える、自分を変える

人の考え方や習慣は、なかなか変わるものではありません。そのような変化は不可能だと断言する人もなかにはいます。「私は私だから、誰にも変えろといわれる筋合いはありません」「私がこんなふうに行動するのは、遺伝ですから変えられないのです」「長年夫婦として一緒にやってきたのです。変わることなど期待できません。私たちはきっとこのままです」などと、変わらないことを正当化します。

カウンセラーとして、私たち（筆者）は、人間は変わらないのだという考え方に対して、戦いを挑んできました。そして実際に、何千人もの人々が自分自身を変化させたのを見てきました。その過程で、私たちは、人が変わっていく時には、ある普遍的な法則があることに気付きました。本章では、カウンセラーとして観察し得たことを体系化し、どのようなステップで自分を変えていくことが可能かについて説明します。

❖空想《ファンタジー》を行動の計画に変える

ほとんどの人が、自分の生活に何か新しい要素を取り入れてみたいと望んでいます。その願望は、新しい趣味や新しい知人への興味、関心を持っている学問分野への知識欲などとして表現されることもあるでしょう。また、今とは全く違った人生に憧れている人もいるでしょう。現在の生活のしがらみ全てから自由になって、静かな場所でゆったりと暮らし、もう一度新規巻き直しをしたらどうだろうなどと空想する人もいるでしょう。

もちろん、非現実的な空想《ファンタジー》に溺れて自分を見失ってしまうようなことは賢明ではありません。しかし、あなたの空想《ファンタジー》は、知恵の源でもあり得るのです。あなたの生への情熱に再度火をつけるために何が必要なのかについてのヒントが、空想《ファンタジー》の中に示されていることが、往々にしてあるのです。

あなたの空想《ファンタジー》を変化のためのガイドに使うコツは、それらに共通するテーマに気付き、そしてそのテーマのなかのいくつかを現実化することです。そうすれば、あなたの内的なニーズや欲求と調和がとれた方向で、変化を起こすことができます。

❖空想《ファンタジー》を行動の計画に変える五つのステップ

空想《ファンタジー》を具体的な行動計画に変えるには五つのステップが必要です。

ステップ❶

あなたの空想《ファンタジー》を言葉にしましょう。

ステップ❷

空想《ファンタジー》をそのまま行動に移した場合に直面する問題は何か、現実的に考えてみましょう。

ステップ❸

ステップ❷における問題に対するあなたの反応はどのようなものか、考えてみましょう。

ステップ❹

あなたの空想《ファンタジー》の中に、あなたが今の生活に何を必要としているのかに関しての「知恵」を見つけましょう。空想《ファンタジー》の根底には、あなたの考え、感情、ニーズ、欲求に関する真実が多少なりとも含まれているという前提で、考えてみましょう。

ステップ❺

具体的で現実的、かつ比較的小さな変化で、今すぐ行動に移すことができそうなものを考えてみましょう。この小さな変化は、あなたの空想《ファンタジー》を現実化する第一歩になるでしょう。

私たち（筆者）のカウンセリング・クリニックを訪れたクライアントで、実際に五つのステップを実行したトニーの例をみてみましょう。
トニーは、妻ジャッキーとの結婚生活が、最近全く退屈なものになってしまった、という不満を抱えていました。私たち（筆者）は、結婚生活に退屈しているというよりも、生活全般に退屈していることが問題なのではないか、と示唆しました。この指摘はトニーにとって納得がいくものだったようです。

ステップ❶　トニーの空想《ファンタジー》
私は、結婚生活にも、友人にも、そしてこのコミュニティーにも死ぬほど退屈している。全て捨てて出ていってしまいたくなる。そうでなければ、家を売って、荷物をまとめて、どこか海の見えるところへ引っ越したい。新しい生活と新しい友人、それが私の今必要としているものなんだ！

ステップ❷　空想《ファンタジー》をそのまま行動に移したときに直面する問題
でも自分の家族は壊したくない。結婚生活に退屈はしているが、妻のことは愛している。今の友人たちに大きな不満があるわけでもなく、このコミュニティーにだっていいところはたくさんある。もし、本当にここを離れてしまったら、この場所での暮らしを懐かしく思い出し、引っ越したことを後悔するだろう。それに、自分のわがままな引っ越し願望によって、妻や子どもたちの生活を破壊したくはない。

ステップ❸ ステップ❷における問題に対するトニーの反応

私はどうかしているのだろうか？客観的に見れば、私の今の生活は、何の不足もないものだ。他人から見れば、私の現在の状況は非常に恵まれているものだろう。不平ばかり言うのを止めて、あるがままの生活を楽しまなくてはならない。

ステップ❹ 空想《ファンタジー》から発見できる「知恵」

私はそもそも「多様性」や「変化」が好きなのだ。新しい物事を学んだり、新しい人と知り合いになったり、新しい場所に行くこと――そういうことに非常に興味がある人間なのだ。

ステップ❺ 具体的で実現可能な行動

職場の新しい同僚で、面白そうな人がいるので、今度一緒にテニスをやらないかと誘ってみよう。彼と彼の奥さんを夕食に招待するのも楽しいかもしれない。ずっと興味があったアートのクラスを受講してみようか。これらのことで、私の人生が大きく変化するわけではないだろうが、少なくとも来週は、今週とは違う、新しいチャレンジができそうだ。

❖あなたを変える八つのステップ

自分の内的なニーズに応じて、小さい変化を実行していくことは大変有意義なことです。トニーは、自分の空想《ファンタジー》を検証することで、自分が何を本当に必要としているのかについて洞察を得、その一部を叶える方法を見つけたことによって、結婚生活を破壊しなくてすんだのです。

このように空想《ファンタジー》を検証すれば、自分のニーズは何なのかについて洞察を得ることができます。しかし、どのようにしてより大きな変化を起こしたらいいのでしょうか——自分を変えるには以下の八つのステップが必要です。

ステップ❶　自分を正直に見つめて、自分のどこを変えたいのか、決断しましょう。

現在の生活の中で、もし変えることができたら、あなたの健康と幸福を増してくれそうなことは何でしょうか。変えたいと思っている自分の行動（例・喫煙、働き過ぎ、食べ過ぎ、他人からの孤立）や感情（例・怒り、孤独、不安）を挙げてみましょう。

変えたいことについてのリストを作ってみましょう。ひとつひとつの項目に関して変化のための心の準備ができているかどうか、今は考えなくてかまいません。

リストの項目を読んでみましょう。あなたは自分に対して全面的に正直であったでしょうか。他に付け加えたい項目があるでしょうか。もしあれば、付け加えてしまいましょう。リストの中に、本当はあなた自身が変えたいのではなくて、誰か他の人のためにあなたが変えなくてはならない項目があったでしょうか。もしそうならその項目は削除しましょう。

ここからが難しいところです。リストの項目の中から、一番優先したい最初の目標を選びましょう。あなたにとって重要な意味をもち、かつ、比較的簡単に変えることができるような項目を選びましょう。

ステップ❷　望ましい方向への変化をさまたげている連鎖反応を検証しましょう。

このステップのカギは、習慣化しているあなたの行動・考え・感情などの連鎖反応が、望ましい方向への変化や問題解決をさまたげていることを検証し、その連鎖反応を取り除くことにあります。サンプルを参照しながら、自分の考えや行動などの連鎖反応がどのように問題を複雑化し、解決困難なものにしているか、また、連鎖反応の中のどのステップを変えることができるか検証してみましょう。

この際、あなたにストレスをもたらしているのは、自分自身の行動や考えではなく、他人なのだと考えたくなる誘惑にうちかちましょう。ここではあなたの抱える問題に、あなた自身がどのように寄与しているかを検証することが必要です。

また、大きい不満に焦点を当てるあまりに、最も基本的なニーズを無視するという過ちをおかさないようにしましょう。小さいことに対するコントロールを放棄すればフラストレーションがたまり、生活の大変革をしなければ気分はよくならないと結論づけてしまいます。しかし、多くの場合、忙しい生活の感覚麻痺のなかで見過ごされている基本的な欲求を満たすようにすれば、気分は大きく改善され、より良く機能できるようになるのです。

〈サンプル〉

私は、以下のような順序で、退屈したり、落ち込んだり、燃え尽きた感じを経験する傾向がある。

① 毎日が同じことのくり返しで退屈だと感じる
② このことについて自分は無力なのだ、と考える
③ 手の届きそうもない夢想に身をゆだねる
④ ①から③の結果、悲しくなり、イライラする

⑤　無口になったり、気分の浮き沈みが激しくなる
⑥　妻がどうしたのかと繰り返し尋ね始め、アドバイスをくれようとする
⑦　それに対して、イライラしたような調子で答える
⑧　妻がこのようにしつこく質問したりするのが一番の問題なのだと考え始める
⑨　ステップ⑧のように考えて、常にぶらぶらして、スナック菓子ばかり食べ、アルコールを飲みすぎ、妻と話をしない、というような行動を取るようになる。また、自分はなんてだらしがない人間なんだと罪悪感を持ち、こんな生活は耐えられないとパニックを起こす。
⑩　このような状態がしばらく続いた後、自分がいかに太っているか、いかに落ち込んでいるかということで自分に対してイライラする。
⑪　しかし、何か違ったことを試してみてもむだだと考えることにより、そのままこの状態に陥り続け、抜けだせない。

ステップ❸　自分はどのように行動し、感じる、どんな人間になりたいのかを考えましょう。あなたは、自分のどの面をどのように変えたいのでしょうか。あなたの人生がより幸せで満ち足りていた時のことを思い出しながら考えてみましょう。

幸せで満ち足りていた時のことを思い出せない場合には、あなたの尊敬する人がどのよう

に行動しているかを観察し、その観察に基づいて、自分で目標を設定してみましょう。自分の空想《ファンタジー》から、どのようなタイプの人間になりたいかという指針を引き出してもいいでしょう。

自分を変える勇気を持ちましょう。このステップでは、今の自分と比較して、どのように変わりたいのかを考えることが、非常に大切です。

ステップ❹　ステップ❸の目標に一歩近づくための、具体的な小さい変化は何か、考えましょう。

比較的簡単に変えることができ、測定可能な具体的な変化に焦点をあてましょう。そしてその一歩を踏み出すことを自分自身と約束しましょう。

二週間ほどで達成できるような具体的な短期間の目標から始めましょう。あなたの長期的な目標はステップ❸で示唆されています。ここでは、自分が今すぐに何とかできるようなことに焦点をあててみましょう。ステップ❶と❷で示されたような問題からステップ❸で示されたようなライフスタイルへの方向の第一歩として、あなたは今すぐ何を始めることができるでしょうか。サンプルを参照しながら、行動を変えるためのプランを作ってみましょう。

〈サンプル〉

・ずっと退屈しているかわりに、新しい小説を読み始める。また、歴史についての市民講座に参加する。
・体重が増えたことに対して罪悪感を感じ続けているかわりに、少なくとも週に二回、四五分歩くこと、週に一度テニスをすること、週に二回ジムにいくことを習慣にする。
・友だちが増えないと嘆き続けているかわりに、新しい同僚とテニスをする。また、同僚とその妻を夕食に招待する。
・妻と話もせず、引きこもっているかわりに、一日少なくとも二回は、自分から妻と会話をする。週に二回は、妻を食事に誘って外食する。

ステップ❺　家族や友人にあなたが自分を変えようとしていることを知らせ、協力を頼みましょう。

有能な人の多くは、他人からの助けや協力は不要だと思い込んでしまいがちです。しかし、これは、私たちはみな社会的な生き物であるという基本的な事実に反しています。個人としてどんなに強くても、他人から影響されないということはありえません。私たちは誰一人として孤島のような存在ではないのです。他人からの助けや支えは必要ですし、有益なものです。

独力で自分を大きく変えることができると考えるのは誤りです。また、まわりの人が、あなたをどのように支えたらいいか直感的に分かっていると考えるのも誤りです。あなた自身が、どのような助けが必要なのか、まわりの人に知らせなければなりません。

私たち（筆者）のクライアント、トニーは思いきって自分の苦悩を妻に説明し、自分を変えていくことへの協力を依頼しました。そしてその時の自分自身の反応に驚かされていました。

「私は職場では、『やり手』として知られているのです。成立させなければいけない商談や取り引きなどは、押しに押して、絶対に実行してしまいます。会社の誰もが、私のことを、パワフルで、自立していると思っているでしょう、そして実際にそのとおりなのです！自分自身でも意外であり、面白く思ったのは、妻のジャッキーが、自分を大切にし、いたわることはいいことだ、と言ってくれた時、とてもうれしい感じがしたことです。出張に行く日の朝、妻が、リラックスして自分をいたわる時間をとるように言ってくれましたが、彼女の言葉は私にとってとても意味のあるものでした。

もし私がそれほどパワフルな人間ならば、なぜ自分をケアすることに対してこんなに戸惑いや迷いがあるのかわかりません。でも、このことだけははっきりしています。あなた（カウンセラー）がアドバイスしてくれたこと、つまり、妻に応援を頼んだこと、は正解でした。ジャッキーのおかげで、私は自分をいたわることに対して、より肯定的になることができました。」

ステップ❻　毎日、自分にごほうびをあげましょう。自分自身を大切にすることは、変化の時期を乗り切るための大事なカギです。

　変化が持続するには、変化に対してプラスの結果（「報酬」）が与えられることが必要です。プラスの結果が、自動的に発生する場合もあります。例えば、人間関係を改善すれば、親密さが増すという結果が生じますし、身体のコンディションを改善すれば、自信が増大するというプラスの結果が生じます。しかし、このような大きい報酬が発生するには、しばらく時間がかかります。それまでは、変化の過程で自分自身への報酬を組み込むことが大切です。

　簡単なことでいいのです。例えば、何か面白い本を読むことや、お気に入りのテレビ番組を見ること、気持ちのいいお風呂に長く入ってリラックスすることでもいいのです。また、レストランで美味しい食事をとったり、親友を訪ねたりすることでもいいでしょう。自分に親切に、やさしくしましょう。それが変化を持続させる大切なカギなのです。

ステップ❼　具体的なフィードバックを自分に与えることができる尺度を作っておきましょう。

自分の進歩の度合を測ることができる、具体的な尺度を準備しておくことは大変役にたちます。二週間ごとに、その尺度に照らして、自分の進歩の状況を正直に点検してみましょう。

変化の過程では、忍耐強く、現実的になりましょう。自分の限界について謙虚になりましょう。パーフェクトな人間は存在しないのです。この事実を認めることは、問題の存在を否定したり、妥協したりすることとは違います。完ぺき主義は、あなた自身と回りの人たちをみじめにするだけだということを覚えておきましょう。

ステップ❽　二週間ごとに自分自身をふり返り、新しい目標を設定しましょう。

過去二週間の経験から何を学んだでしょうか。自分に対する要求が高すぎて、不満をもつ結果になりませんでしたか。目標が低すぎて、かえってやる気を失ってしまったということはなかったでしょうか。二週間の進歩を評価した後で、今度は何を変えたいのか、ステップ❶に立ち戻って考えてみましょう。自分の進歩について自分をほめてあげましょう。完全でなくても少しでも良くなっていればそれで十分です。

❖自分を変えるというチャレンジ

多くの人は、何か大きい悲劇――病気になったり、恋愛が終わったり、仕事で挫折したり、愛する人が死んでしまったり――にぶつからないと自分の人生を癒し始めようとしないものです。しかし、私たち(筆者)はあなたが今すぐこの癒しのプロセスを始めることをすすめます。この人生はリハーサルではなく、たった一度きりの「本番」であることをより明確に意識しましょう。よりポジティブな方向に変わっていくチャレンジに真正面からたち向かい、人が真似したいと思うような幸せな夫婦関係を持つための努力を始めましょう。

4 幸せなカップルであるために

今日の夫婦を取り巻く難しい状況にもかかわらず、夫婦としてうまくいっている人たちがいます。これらの人々は、多くの役割を抱えて多忙な生活を送りながらも、夫婦関係をいきいきと保っているのです。親密さこそがストレスにうちかつカギであることを理解し、優雅かつ柔軟に、事態を乗り切っていっています。彼らは、結婚してから一五年、二〇年、三〇年経っても、情熱と親密さを保っています。このような夫婦は、「ストレスは不可避だが、苦悩は決してさけられないものではない」という価値ある教訓を与えてくれています。

親密な結婚生活は、精神的・身体的健康を増進させます。暖かい夫婦関係は、ストレスに上手に対処し、気分を明るくし、健康的な生活をすることに貢献します。最近の研究成果によれば、親密な結婚生活は、仕事上での成功にも好影響を与えています。互いに愛しあい、支えあう夫婦関係は、仕事の生産性を上げ、常習欠勤を減少させます。結婚生活がうまくいっていれば、心身症やうつになることが少なく、仕事がストレスの多いものであった場合にさえ、仕事に対する満足度が高いと報告されています。他方、結婚生活で問題を抱えていると、仕事に不満感が強く、燃え尽きてしまったり、仕事を辞めることが多いと報告されています。

❖スーパーカップルの六つのパターン

カウンセリングを訪れるスーパーカップルには、おおまかに六つのパターンを見い出すことができます。これらのパターンは、結婚当初、夫婦が各自の役割をどのように割り振ったかにより原形が作られ、その後、多忙な生活を何とか切り抜けていこうと努力するうちに、定着してきたものです。

これらのパターンは、互いに背反するものではありませんし、すべてのスーパーカップルを網羅しているわけでもありません。しかし、これらのパターンを知ることは、あなたの夫婦関係をよりよく理解する助けとなるでしょう。

❖一．母親と息子のような夫婦

このパターンの夫婦は、野心的でキャリア志向の男性と世話好きで面倒見のよい母親役の女性がセットになります。夫は仕事をし、妻は家庭を守ります。妻は、夫の野心が行き過ぎて、仕事一本やりの生活にならないように気を配り、世話をすることになっています。妻は夫のストレスの吸収役になるのです。

子どもが幼い頃は、このような夫婦間の役割分担はうまく機能しています。互いの役割の貢献に関して、夫婦ともに感謝の気持ちがあるからです。妻は、家族の世話係という自分の役割に誇りを持っています。また、夫は、家庭生活が自分の仕事・身体の状態・心理的欲求を中心に回っていることに満足します。二人とも、妻の無限の愛情と忍耐が、夫に心の平安を与え、野心の行き過ぎを抑えることを望んでいます。また、夫が目標に到達すれば、妻とともにリラックスした人間的な生活を送り始めると、夫婦共に信じています。

しかし、いつまで経っても夫は変わることがなく、夫婦はそのまま全く別々の人生を歩いていきます。妻は、自分が家庭のことを全て面倒を見て、ストレスの吸収役に徹していることそれ自体が、夫の仕事一本やりのライフスタイルを知らず知らずに助長しているのではないか、と自問し始めます。同じ頃、夫は、妻を退屈な人間だと感じ始めます。妻は夫が自分を理解してくれていないと感じ、子育てが終わると、夫とは別の自分自身の興味を追求しはじめます。一方で、夫は仕事に集中し続け、妻とのつながりがますます薄いものになっていきます。妻は、自分の貢献に価値をおかない夫に対して傷つき、怒ります。夫は、かつての面倒見が良かった妻はどこに消えたのだろうかと困惑します。

このような夫婦は、ともに不倫予備軍となります。夫は、妻よりもおもしろそうで刺激的な女性に惹かれ、妻は、自分の良さを認めてくれる、かつての夫のような男性に惹かれます。

❖二．誰にでも優等生でいたい妻

この夫婦関係はすべての人に対してあらゆる存在でありたいと願う女性を中心に回ります。彼女は、キャリアを持っていたり、地域でのリーダー役を務めていたり、多忙な人生を送っています。そのうえ彼女は家族の世話や管理を一手にひきうけ、それを自分の第一の仕事と考えます。彼女の隠れた望みは、夫に認められること、褒められること、そして優しくされることです。しかし、夫は、自分自身の多忙な生活で手一杯であり、妻がどの程度がんばっているかを忘れがちになります。夫から注目と尊敬を得られない妻は、だんだんに活力を失ってしまいます。

妻の側の、称賛に対する過度な欲求が家族生活の中心となってしまう場合もあります。妻は、自分の才能と仕事を認められ、社交面でも成功し、子どもを完ぺきに育てる理想的なパートナーでなくてはならないと思っています。このような妻の多くは、元キャリアウーマンであり、いまや以前キャリアにかけたのと同じ情熱を持って家族を管理したいと考えます。彼女は、子どもに対して過度に干渉し、ボランティアに精を出し、夫にもより野心的であるように求めます。その結果、家族たちは彼女を避けはじめ、夫は、なぜこのように追い立てられた生活をしなければならないのかと怒りを感じはじめます。

このような夫婦は、疲れきり、互いに認めあえず、結局つながりを失ってしまうことになります。

✣三、用意、ドン！で競いあう夫婦

このパターンの夫婦については、これまでいろいろと述べてきました。二人の競争心の強い野心家が、互いを刺激しあうことを望んで結婚するというパターンです。しかしながら、実は夫婦二人とも、パートナーのほうから「もっと落ち着いた、人間らしい、よりふつうの生活をしよう」と言い出して欲しいという、密かな願望を持っているのです。現実には、夫婦は超人的に忙しい生活を作り出し、その生活の複雑さに憤りを覚えます。刺激的だった夫婦の関係は変質して、苦しみのがまん比べの様相を呈します。二人は何においても競争します――どちらのほうが良い親か、どちらか稼ぎがいいか、どちらの頭痛が重いか、など。時が経つにつれて、このような競争に飽き飽きしていきます。

このような夫婦は、自分たちの生活をもっとシンプルなものにしようとしばしば言い合います。しかし、その言葉が実行に移されることはありません。「家も何もかも売ってしまって、海の見えるところへ引っ越して、そこで小さい店でも開いてのんびり暮らしたい」などと嘆いたりします。しかし、二人とも、自分たちが実際に店などを開いたら、ビジネスを拡大させてチェーン店にすることを目標として、猛然と働き始めてしまうだろうということがわかっています。

このようなパターンの夫婦では、夫も妻も、パートナーから、伝統的な性役割に基づいた扱いを受けてみたいものだ、という願望を抱いています。夫は、妻に自分の男らしさを認めるような扱いをしてほしいと思い、妻は、夫に自分の女性らしさを尊重するような扱いかたをしてほしいと願っています。二人とも、競争と多忙な生活、その疲れから来る性生活の貧困さに、ほとほと嫌気がさしているのです。

❖四．感情の爆発を相手にぶつける夫、または妻

このパターンの夫婦の結婚生活は、感情の激しい夫、または妻が生み出す混乱状態が生活の中心になってしまいます。配偶者は、自分の愛情でいつかその怒りを癒すことができると信じていて、そのうち相手も成長して感情の爆発は止まるだろうと期待しています。このように、一方のパートナーが、相手の感情のバランスを保つために、面倒をみたり落ち着かせたりします。感情を爆発させる方のパートナーは、ついに自分は無条件に愛される場所を見つけたと感

じます。

しかし、不幸なことに、結局このような夫婦は、時が経つにつれて互いに幻滅し、見捨てられたと感じるようになります。なだめ役は、相手の感情の爆発を事前に抑えるよう、常に気を配っていることにうんざりするようになってしまうのです。すると感情の激しいパートナーは、なだめ役の配偶者に、ますますイライラと怒りをぶつけます。感情は伝染するものなので、二人は互いにいらだち、相手に対して冷淡に、かたくなになります。別居の話し合いと短い和解の期間が交互に繰り返され、また次の感情の爆発が起こります。

✣五. 感情を抑圧して相手から距離をおく夫、または妻

これは前述した「感情の爆発を相手にぶつける夫、または妻」のパターンの裏返しです。夫婦関係は、スーパーマン/ウーマンのように働きつづけ、他人と親密な関係を築くことが苦手な夫、または妻を中心に回ります。感情や感覚を麻痺させて働くパートナーがうつ状態に陥ったりする場合、配偶者が支え役になります。距離をおこうとする夫、または妻は、相手がいつまでも「少し離れたところから」愛を注いでくれることを望んでいます。配偶者があまりに接近してくるのも、あまりに遠く離れていってしまっても困るのです。他方、支え役の配偶者は、親密な関係を避けたがるパートナーが、時の経過につれて、自分に心を開いてくれることを望

んでいます。

このような夫婦は、前述した「求める者－避ける者の関係」に落ち込んで抜けだせないでいるのです。往々にして、夫婦は、それぞれ静かな絶望の人生に落ち着いてしまい、親密で快適な結婚生活は夢に終わります。しかし、夫婦二人とも、もし離婚したら、人間関係が苦手なパートナーはどうなってしまうのか、懸念しながら生活していくのです。

❖六．リラックスした仮面をつける夫婦

六〇年代、七〇年代のカウンターカルチャーの時代に青春を送った夫婦たちは、リラックスしたライフスタイルに憧れています。そして自分の野心や競争心を否定し、隠そうとします。しばしばオーケストラを聞いたり、オペラを観たりというような時間を持ちますが、実際には、休憩時間になると、家で会社の仕事の残りをしたい誘惑にかられるのです。

このような夫婦における暗黙のルールは、互いに相手のリラックスした仮面を長もちさせることです。彼らは、パートナーが自分の競争心・野心・多忙さを暴くのを嫌います。

このような夫婦は、結婚生活において、さしたる努力をしなくても得たいものは全て手に入るというナルシスト的な期待を抱いているのが特徴的です。ですから、彼らは、事態が難しくなると、すぐに夫婦関係を解消して逃げ出し、新しい刺激的な関係を探し求める傾向がありま

す。そして、その新しい関係においても、初期の情熱はまたすぐに冷めてしまうのです。

❖相手を変えようとする争い

『欲しい愛を手にいれる（Getting the love you want）』の著者であるヘンドリックス・ハービルによれば、恋愛感情は時を経ると相手を変えようとする争いと苦悩にとってかわられます。この争いは関係の悪化を示すものではありません。この段階は、長く一緒に生活していく上で、どの夫婦も通るプロセスなのです。パートナーを変えようと躍起になっている時には、その夫婦関係は、再調整の必要があるということです。

『心臓病と親密さ――思いやりに満ちた関係はどのように回復を促進するか（Heart illness and intimacy : how caring relationships aid recovery）』には、夫婦が互いを変えようとするいろいろな手段について説明されています。

・愚痴をいう――「あなたは約束してくれたはずです」

子どもがうまれたら、早く仕事から帰ってくると約束してくれたはずです。

引っ越したら、もうあの友だちとはつきあわないと約束してくれたはずです。

結婚したら、実家の家族から距離をとってつきあうと約束してくれたはずです。

・**非難する――「あなたは変わってしまいました」**

どうしてこんな些細なことを大問題のように扱うのですか? 結婚当初から私がどんな人間か分かっていたはずです。私は以前のまま変わっていません。あなたの考え方が変わってしまったのです。

・**懇願する――「…のために～してください」**

あなたの健康のために、もっとペースを落としてください。子どもたちのために、その短気を直してください。

どちらも変わろうとはしないのですから、このような戦いは疲れるものです。この疲れが結婚生活への幻滅となります。そして、次のような自問を繰り返すようになります。「この結婚は間違いだったのかもしれない。私の人生はたった一度なのだから○○のような基本的なことで争って時間を費やしたくない。」(○○には、ストレス、育児、性生活など、パートナーに変わってほしい事柄が入ります)

❖争いを超えて

長く幸せな関係を築いていく夫婦は、このような争いの段階を乗り越え、互いを自分の思う通りに変えることには限界があることを悟り、受け入れます。そして、夫婦というものはある程度まで互いの痛みを癒したり、必要を満たしあうことができるが、それは完全ではなく、ひとりひとりが抱えて行かざるを得ない孤独感・空虚感・心の葛藤もある、という事実を受け入れます。しかし、多くの夫婦が、恋愛の初期には自分の必要とするもの全てであってくれたパートナーに、裏切られ、見捨てられたと感じ、孤独感に陥ってしまいます。この段階で、パートナーが互いに対して抱いていた幻想がはがれていき、魅力的に見えていた相手の特徴が、逆に嫌なものに見えてきます。


〈結婚前〉あなたはきちんとしていてきちょう面です。私を安定した気持ちにさせてくれます。

↓〈結婚後〉もう少し、ラフになったらどうでしょう。息がつまってしまいそうです。

〈結婚前〉私たちは親友のよう。いつも同じ考えをもっています。

↓〈結婚後〉自分の考えはないのですか。たまには私と違う、目新しいアイディアを出して下さい。

多くの夫婦が、この段階で別離してしまいます。別離することで、自分の一番の恐怖——自分の責任は自分でとらなくてはいけないということ——に直面することを避けるのです。新しい恋愛を見つけることによって、本当の問題は自分自身にではなく、今までのパートナーにあったのだと信じ続けることができるのです。

本来は、このような苦しみも夫婦の成長のきっかけになってくれるものです。互いから逃げ出さない夫婦だけが、より成熟した生涯の愛を作りあげていく機会に恵まれます。

❖夫婦の分化

幸せな関係を築いていく夫婦は、互いを癒し合うような関係を作り出します。彼らも他の夫婦と同じように、相手を変えようという争いの段階を経験しますが、彼らは、夫婦関係の中での「分化」を恐れず、より正直かつ現実的になることで、戦いを沈静化します。彼らは勇気をもって自分の関係に関するナルシズムに立ち向かうのです。

うまくいっている夫婦は、結婚とは、「これで十分」という境地への道程であるという考え方をしています。彼らは、恋愛の初期段階の陶酔は、長い夫婦関係の道のりのひとつの通過点にしか過ぎないということを理解し、受け入れているのです。このような夫婦は、思いやりに満ちて愛情深く暖かい、同志のような関係を作りだします。彼らは、協力して夫婦関係のあり方を見直すことによって新しい親密さを作っていくのです。つまり、夫婦の間の「心理的境界」を明確化するのです。

❖夫婦の間の適切な「境界」

映画「ダーティ・ダンシング」の一シーンは、人間関係やチームワークにおける明確な境界の重要さを、象徴的に示しています。パトリック・スウェイジが新米ダンサーのジェニファー・グレイに、複雑なダンスを教えている場面です。何度もイライラした挙げ句、彼は、こう指示しました。「ほら、(腕を身体の回りで回しながら) これが俺の領域。(ジェニファーの回りで腕を回しながら) これが君の。互いの領域は侵さない。」

心理的な境界をしっかりと明確にすることによって、二人でひとりの人間であるというような間違った概念を乗り越え、ひとりひとりがパートナーと協力しながらダンスを踊るというイメージを持つことができるでしょう。

心理的境界には、(一) 自分が何を考え、感じ、欲し、必要としているのかが自分自身で明らかになっているか、(二) 他人に対してどのように自分自身を管理していくかという二つの要素が含まれています。

心理的境界を明確にすることは、個人としても、夫婦としても、生活に必要なスキルです。明確な境界なしには、私たちは、夫婦間の葛藤の過程で自分を見失ってしまったり、家族を外界の好ましくない影響から守ることもできなくなってしまいます。また、明確な境界なしには、本当の親密さも生まれないのです。

イアン・スチュアートとバン・ジョイネスの著書『TAトゥデイ（TA today：A new introduction to transactional analysis)』は、心理的境界の概念を理解するのに極めて役にたちます。この本によれば、人間は幼い頃に自分自身および他人についての基本的な信条、つまり「人生の立場」を選択します。こうした立場は、ある個人が、自己と他者のなかに知覚する本質的な価値に関する根源的なスタンスとなります。「人生の立場」は、自分と他人についての四つの見方に要約され、各々の立場が心理的境界に関する異なったスタンスを表しています。

・私はOKでないが、あなたはOK
・私はOKだが、あなたはOKでない
・私もOKでなく、あなたもOKでない
・私もOK、あなたもOK

各々の人生の立場は、次の四つの心理的境界――あいまいな境界・過度に堅い境界・あいまいであり、過度に堅い境界・適度な柔軟性を持つ境界――のどれかと対応しています。

❖あいまいな境界

自分を過小評価する人（私はOKでないが、あなたはOK）は、自分と他人との間の境界がはっきりしていません。このような人は、自分自身の内的な経験が明確でなく、自分の考え・感情・欲求・ニーズの妥当性に対して自信がもてません。

「私はOKでないが、あなたはOK」自分自身を信用しないので、他人の考えや期待のほうを重視するようになります。他人を喜ばせたり、他人の目から見てパーフェクトであるように自分を追い立てます。他人に対して、自分のできることの限界を設定しないので、人間関係は非常に疲れるものとなります。人間関係を避けるために、抑うつ状態になったり病気にかかったりしますが、これは、そうでもしなければノーという意思表示ができないためです。それほど、自分自身の権利を過小評価しているのです。

例えば…　あなたが、仕事から疲れきって帰宅すると、その途端、娘が叫びました。「もっている洋服が全部気に入らないの！お母さんが帰ってきたらデパートに連れていってもらおうと思ってずっと待っていたの。明日、何も着ていく服がないの。いますぐデパートに行きましょう」

「私はOKでないが、あなたはOK」型の反応　「ごめんなさい。明日、新しい服がいるということを分かっているべきだったわ。」ため息をついて、あなたは娘と急いででかけます。自分の疲れとイライラを抑えることで、感覚はますます麻痺していきます。

✣過度に堅い境界

自己防衛のために、自分と他人の間に過度に堅い境界を引く人もいます。「私はOKだが、あなたはOKでない」このような人々は、自分だけの力で生きた方が、人に弱みを見せて生きるよりも安全だと考えています。自信がなく、他人から傷つけられた経験から来る内面の不安と恐怖を、仮面の下に隠しもっています。

このような立場の人は、他人の善意が信じられないために、他人を排除して生活します。人を警戒し、信用せず、欠点ばかりに着目し、怒りとイライラをあらわにし、人をこわがらせたり、疎外するような行動をとります。他人から距離をとって暮らし、他人からも避けられるようなライフスタイルとなります。

例えば…　あなたは、パートナーの会社が主催するクリスマスパーティーに出席しています。パートナーが、日頃よく話題にしていた二人の同僚をあなたに紹介します。

「私はOKだが、あなたはOKでない」型の反応　「あなたの同僚は二人とも変な人ね。男性のほうは明らかに無能だし、女性のほうは、偽善者みたい。彼女の言うことは矛盾だらけだったわ。あなたがこの二人を気にいっている理由が全くわかりません。あなたの会社は、頭のおかしな人たちのたまり場みたいなところね。」

❖あいまいであり、過度に堅い境界

「私もOKでなく、あなたもOKでない」　この立場をとる人は、受け身であると同時に攻撃性が強いという印象を与えます。彼らは自分の不平や苦悩を口にして、他人になんらかの助けを必要としていることを示唆します。しかし、他人に対する不信感を持っていて、しかも自分が幸せになる基本的な権利すら認めていないので、他人が何か助言などをしても「ええまあそうですけど、でも」というような答えになってしまいます。回りの人はいくら助けようとしても受け入れられることがないので、嫌になり、去っていってしまいます。そこでこの立場の人は、自分の正しさが再確認された気がします。「やはり他人なんて当てにならないのだ。彼らはOKでないのだ」と。

例えば…　あなたがパートナーに「私たちは、あまりセックスをしなくなった、昔とは変わってしまったわね」と、不平を言います。数日後、パートナーがあなたにセックスを求めてきます。「私もＯＫでなく、あなたもＯＫでない」型の反応　あなたは無気力な様子でセックスに応じますが、楽しみません。または、「セックスがしたいと思っていたけれど、もう遅すぎる。どうして、こんなに待たせたの。」などと言います。

❖適度な柔軟性を持つ境界

これが健全な境界のあり方です。心理的境界が、自分の領域を守るのに十分な堅さがあり、なおかつ適度な柔軟性を持つので、他人や外からの情報や考えを取り入れることもできます。

「私もOK、あなたもOK」　自分も他人も信頼に値し、かけがえのないものであるという人生の立場を持つこれらの人々は、自分自身を適切にケアすることができ、同時に親密な人間関係を作り出すこともできます。親密さと距離との適度なバランスをとって、他人とポジティブな関係を築くことができます。

このような人たちは、自分自身の考え・感情・欲求・ニーズを明確に理解しており、同時に他人の考えや感情などに対しても関心を持っています。「互いのことをもっと知り合いましょう」と、他人との親密な関係を築いていくことも、「けっこうです。それは自分とは違いますから」と、他人と適切な距離をおくこともできます。

例一・仕事から疲れて帰宅したあなたに、娘が今すぐデパートに連れていってくれと叫んでいます。

「私もOK、あなたもOK」型の反応　「あなたが今持っている服が気に入らないのはわかったわ。でも、私はもう疲れ切っているから今夜はデパートには行けないの。一緒にクローゼットを見て、明日着ていけそうな服を探しましょう。」

例二・あなたはパートナーの会社のパーティに出席し、同僚二人を紹介されました。

「私もOK、あなたもOK」型の反応　「あなたの同僚はあまり好きになれなかったけれど、私はあの人たちをよく理解していないのでしょうね。あの人たちについてもっと話を聞かせて。」

例三・あなたがパートナーに、セックスの回数が少ないと不平を言った後、パートナーがセックスを求めてきます。

「私もOK、あなたもOK」型の反応「誘ってくれてうれしいわ。私はあなたとセックスするのが大好き。でも、今はとても疲れているので、明日の朝、デートをするというのはどう？」

＊＊＊

誰もが、ほとんどの時間を過ごすお気に入りの人生の立場があります。誰でも常に一つの立場にいることはなく、いくつかの立場の間を移動しますが、自分の基本的な人生の立場はどれなのか、確認することはいいことです。

❖幸せなパートナーシップを築くために

親密な夫婦関係は、幸福と健康のカギなのです。現代の多忙な生活は、多くのチャレンジに満ちていますが、夫婦関係をいきいきと保つことほど大切なチャレンジは他にないと言ってよいでしょう。

情熱的で親密な、いきいきとした夫婦の暮らしを一年間ビデオにとり、それを、互いの気持ちが冷めきった夫婦のビデオと比べてみたら、いくつかの違いが明らかになるでしょう。以下の一〇項目は幸せなパートナーシップを築くために必要な特徴です。

一．努力を惜しまないこと

「弱くては人を愛することはできない」というデビット・シュナーク博士の警告は、生涯の恋愛には勇気と努力が必要だと示唆しています。愛情とロマンスはほうっておいても自然に育っていくと期待する夫婦は、失敗します。親密な夫婦関係を作り出すことほど、人生において複雑なものはないのです。幸せなパートナーシップを築いていく夫婦は、このような努力の必要性を理解し、多くのエネルギーを夫婦関係のために費やしています。生半可でぬるま湯的な、表面だけの夫婦関係を持つことは簡単ですが、真に親密な夫婦関係を保持していくには一貫した努力が必要なのです。

二．謙虚であること

個人としてどんなに例外的に有能な人であろうとも、夫婦関係に関する法則の例外ではありえません。夫婦関係にとってプラスになる要因か、マイナスになる要因か常に重視するのは、家族を守るために大切なことです。

・夫婦はひとつのチームだと考えましょう…何らかの選択や決断をする際に、自分がこの選択（残業をする・転勤を受け入れる・仕事を辞めるなど）をすれば、愛する者にどのような影響を与えるかを考えてみましょう。

・あなた方夫婦を外部世界から分離する境界を守りましょう…これは、ある時には、残業を断るということを意味するかもしれません。あなたにもっと多くの時間やエネルギーをさいて欲しいと思っている親せきに対してノーということかもしれません。または、自分自身の子どもに、パートナーとの時間を確保するために、ノーと言うことかもしれません。

・現実の人生では「これで十分」ということを目標にしましょう…幸せな関係を築いていく夫婦は、犠牲や妥協を不可避なものとして受け入れます。例えば、バランスのとれた生活をするためには、キャリア面での妥協を余儀なくされることもあります。収入のことを考えて子どもの数を制限しなければならない場合もあるでしょう。自分の希望や野心を叶えるための時間が現段階では十分にないということを受け入れなくてはならない場合もあるでしょう。

三．コミュニケーションをすること

現代の多忙な夫婦は、一緒にゆっくりと時間を過ごすことが少なくなっています。夫婦が常にコミュニケーションを図り、互いの考えや気持ちを理解しあうようにしなければ、相手を見失ってしまうでしょう。多忙な生活をやりくりして、夫婦関係を成長させる時間をとることが非常に大切です。

積極的に二人だけの時間を作り、コミュニケーションを持ちましょう。そして、その時間を定期的に、継続して持ち続けるということが大切なのです。どんなに忙しくても互いに対する時間をとっておきます。一緒の時間をつくりだす方法として以下のようなものがあります。
・毎週一回、夜に二人きりで外出する。
・毎週数回、一緒に散歩する。
・毎週一回、朝食を外で二人きりでとる。
・毎日一五分は向かい合って二人きりで話をする。
もちろん、このような場合、コミュニケーションの「質」が良くなくては意味がありません。すばらしいコミュニケーションスキルの持ち主でも、自分のパートナーに対してだけは、コミュニケーションが下手な人たちもいます。例えば、面と向かって話さず、電話やメモで済ませたり、ゆったりと時間をとれる時でなく、せかせかと慌てている時に話したり、リラックスして良い気分の時でなく、ストレスがたまって疲れている時に話しても、質のよいコミュニケーションは生まれてこないでしょう。

四．怒りの感情を協力しあって管理すること

怒りは、多忙な生活につきものです。幸せな関係を築いていく夫婦は、敵意のこもった皮肉な態度や攻撃的な行動が夫婦関係に緊張をもたらすことを理解し、怒りを管理するために互いに責任を取り合います。怒りの感情を抱いた時、それに効果的に対処するよう互いを助け合うのです。怒りの管理に有効なやり方には次のようなものがあります。

・怒りの感情は、潜在的な欲求が満たされないことのシグナルであることを認識し、その欲求が何なのか理解すること。

・自分が不公平に扱われているとか、他人がわざと無能なふるまいをして自分にストレスを与えているなどという判断をして怒りをエスカレートさせるようなことを避けること。

・適切な自己主張と攻撃的行動とを混同しないこと。自分のコミュニケーションスタイルを、（一）言葉（二）あいづちなど言葉以外の声（三）声の質・調子・音量（四）手や腕のジェスチャー（五）顔の表情（六）体の動きなどの面から点検してみましょう。

・パートナーと自分との意見の相違を尊重すること。野心的でエネルギーの高い人たちは、過度な「戦うか逃げるかの反応」を示す傾向があります。あなたがこのタイプならば、ストレス管理の基礎的知識を身につけ、カフェイン、タバコなどの刺激物をとりすぎないよ

うにしましょう。また、同時に二つ以上のことをしたり考えたりすることはストレス反応を促進することを覚えておきましょう。何かの問題についてパートナーと議論する前には、思考をクリアーにするために休憩を取り、運動をするかリラックスしてストレスを洗いながしましょう。もし、あなたがかんしゃくをおこしそうになったら、議論は一時中断し、気分が落ち着いてから話し合いを再開するようにしましょう。あなたのパートナーがすぐカッとなる人であるなら、結論を急ぐ前に、気を落ち着ける時間を与えましょう。議論の途中に小休止することは、問題の存在を否定することとは全く違います。頭がカッとなっている時に議論をしても、適切な結論は導かれないのです。

・一度にひとつの問題のみに対処すること。ひとつの問題に対して怒っている時、他の問題に対する怒りをまとめてぶつけてしまわないようにしましょう。怒るに値する重要な問題は、ひとつひとつ別に時間をとって議論する価値があることを覚えておきましょう。議論の途中で、新しい問題が表面化してきたら、後でその問題について対処することにし、同時に二つ以上の問題について話さないようにしましょう。

・怒りの徴候を早期に発見すること。怒りやイライラがつのっていることを示す微妙な徴候を見のがさないようにしましょう。もし、あなたが怒りを感じ始めているなら、それをあまり貯めないうちに表現しましょう。もしパートナーが怒りの感情を抱いていると感じたら、話をよく聞き、問題について話しあうようにしましょう。このように怒りの感情に早目に対処すれば、ドミノのように怒りが増幅していき最後に怒りの大爆発が起こるのを避けることができるでしょう。

・効果的な話し合いをすること。怒りの管理とは、問題に対して新しい結果を出すよう交渉することを意味します。交渉の成否は、人と問題を分離して議論することと、自分にとって大切な問題をしっかりと主張しながらも相手を心穏やかにすることにかかっています。

――パートナーに対し、一緒に問題を解決していけるという信頼感を見せる。

――夫婦の間で意見が違っても、その相違を認め、パートナーの意見を尊重する。

――パートナーを非難したり、問題を大袈裟に誇張して破局的なものにしない。

――二人が同意できている点を強調する。

――謝罪する。覚えておきましょう。謝罪することは自分の非を認めることではありません。このような葛藤があることを残念に思っているという気持ちの表れです。

――自分の立場に固執しすぎない。自分にとっての根本的な問題点を明らかにし、それに対処していくことを考えましょう。

五．コミットメントをし続けること

今日のような、「ライト」全盛の時代には――ライトビール、ライトアイスクリーム、ライトクラッカーなど――、多くの人が「ライトな結婚」という選択があるのではないかと考える傾向があります。しかし、真実はこれとは全く逆であり、親密な関係を長く保つには、パートナーへの継続的なコミットメントを必要とします。そして、コミットメントとは、あなたの言葉で表されるものでなく、あなたの行動によって示されるのです。

コミットした夫婦は、自分たちの関係を回りの世界から隔てる境界を守ります。彼らは、たくさんの秘密を分かち合い、何か決断する際にはそれが自分たちの夫婦関係にどのような影響を与えるかを考え、優先します。また、互いに助けあって成長していくことにコミットしています。

六．パートナーの変化を認めること

夫婦は、関係の初期の頃は相手のことをよく理解していますが、長年一緒に暮らすにつれて相手のことがあまりわからなくなる傾向があります。これは、夫婦が互いに注意を払わなくなってしまうためです。覚えておきましょう、もしあなたがパートナーについて、毎週何か新しいことを見いださなくなってしまっていたら、あなたはパートナーに十分な注意を向けていないということです。

退屈してしまっている夫婦は、互いを見るレンズを最新型のものに変えるのを怠っているのです。彼らは、関係の初期に割り振った各自の役割が永久に快適であるかのように行動しているのです。

うまくいっていない夫婦は、パートナーが変化することを、まるで裏切りであるかのように受けとめます。一方のパートナーによる変化は必ず他方のパートナーの変化を必要とし、それはストレスがかかることだからです。人は習慣の生き物で、パートナーに対する従来の見方をなかなか変えられず、互いに慣れ親しんでいる役割を演じ続けます。このようにして、自分のある側面を、少なくとも一時的に、どこかへしまいこんでしまうことになるのです。

しかし、最終的には、このしまいこんでしまった自分の一側面を生活のなかに組み入れなければという気持ちになります。切り離してしまった自分の一部を統合したいという欲求は、これまでの夫婦間における役割にはもう飽き飽きした、という感情につながります。このような時に、夫婦関係を個人の成長にあわせてもう一度たてなおさなければいけないというストレスに直面するのです。

健康な夫婦は、成長にともなうストレスは、結婚生活において避けることのできない一部であると認め、互いの成長のさまたげにならないように注意します。成長にともなう痛みを経験している時、夫婦は普段以上に互いをケアする必要があります。
互いの夢、恐れ、希望、後悔、願望、空想《ファンタジー》などを常に把握しているように努めましょう。
人は、自分を理解し、認めてくれる人を信頼しつづけるものです。

七．共に楽しむこと

私たちは、自分を笑わせてくれるような人々を好きになります。一緒に遊ぶことを安全に感じる人とは長い間親密でいられるのです。幸せな関係を築いていく夫婦は、一緒に遊び、楽しむことをとても大切なことと考えます。かれらは、遊び心を育て、クリエイティビティを大切にし、一緒に楽しみ休息できる夫婦関係をつくります。

八．信頼に値する人間であること

信頼関係を育てるためには、毎日の生活で互いにどう接しているかが、たまに起こる事件や行事より、はるかに重要な意味を持っています。人間は、自分を認めてくれる人を信頼します。どちらが正しいかを競争しているかのようにふるまう人は信頼されません。幸せな関係を築いていく夫婦は、二人の意見が違っていても、各人がそれなりに筋の通った考えかたを持ち、各々の意見には少なくともいくらかの真実が含まれているという前提にたって行動します。

九．許しあうこと

有能でがんばり屋の人たちは、自分にも他人にも厳しい傾向があります。しかし、人は人生の過程で、たくさんの失敗をおかすものです。夫婦間の愛情を長く保つためには、いかに互いを許しあうかということを学ぶ必要があります。私たちは常に、自分自身とパートナーを許し、受け入れなければなりません。

怒りに固執すれば、親密な関係を築くことはできません。いくら他の面で努力しようとも、その夫婦関係は成長していくことはないでしょう。

「人を許さずにいる痛みは、手の平に置いた熱い炭をなでつづけているようなものだ。」――このことわざに含まれる知恵を実践しましょう。その「炭」を取り払い、夫婦の間の傷を癒しましょう。たとえそれがあなたの引き起こしたものでないとしても。

多忙な生活によってもたらされるストレスと疲弊に対して、互いを許しあうことも大切です。どちらも相手をわざと傷つけようとしたわけではないという事実をいつも心にとめていましょう。このような苦悩は、怒りによって増幅される必要はなく、許されることによって癒されるべきものなのです。

10. 愛情こめて大切にしあうこと

親密な関係において、根本的に大切なことは、互いを愛情こめて大切に扱うということです。多忙な生活を何とか切り抜けていくため、相手に協力することだけでは不十分ですし、自分の幸せや喜びを犠牲にすることも不適切です。

私たちは互いの存在を祝福し、喜びあうべきなのです。もしパートナーたちが互いをほめあい、認めあい、感謝しあい、励ましあい、「あなたが一緒にいてくれてうれしい」と伝えあったりしなければ、いったいどこで人はそのような贈り物をうけとればよいのでしょう。前述したアドバイスを思い出してください。「気前よく与え、そして優雅にうけとりなさい」

現代の多くの夫婦に見られるスーパーカップル症候群を克服することは本当に可能なのでしょうか。数千もの夫婦がこれに対して「可能」という答を確信を持って出してくれています。彼らは互いを支えあい、各自があわただしいライフスタイルを管理する責任を取り、多忙な生活が夫婦関係に及ぼす影響をコントロールしているのです。

世の中に完ぺきな夫婦関係というものはありません。しかし、スーパーカップル症候群を克服したこれらの夫婦たちは、現代の多忙で複雑な生活を管理するために自分のできることをして互いに助け合う、新しいヒーローでありヒロインなのです。

訳者あとがき

「スーパーカップル症候群」とは何でしょうか。やりがいのある高収入の仕事を持ち、洗練されたおしゃれに身をつつみ、さっそうとしたエリートカップルたちが陥る病、ではありません。一人で何役もこなしながら毎日を忙しく立ち働いている夫婦はみな「スーパーカップル症候群」に陥る可能性があると著者は指摘しています。仕事に家事に子育てにと精一杯がんばっているうちに、気がついたら夫婦の気持ちがバラバラになってしまっていて、みじめな気持ちに陥っているカップルたち――これが「スーパーカップル症候群」の実態です。

「スーパーカップル症候群」は今日の多くの夫婦を蝕んでいる、と著者は言います。読者の身近にも思い当たるカップルがいるのではないでしょうか。ストレスとプレッシャーのなか、忙しく努力しているひとりひとりが疲れ果てて家庭に戻った時に、安らかで心楽しいひとときを求めながら得られず、家庭すらストレスのもとになってしまう…。パートナーの理解のなさをなげきつつ身も心も重い毎日…。

原著である *Supercouple Syndrome* が一九九八年にワイリー社から発行されるや、全米の新聞・雑誌・テレビなどの各メディアで、タイムリーな本であるとして大きな反響を呼びました。アメリカの夫婦たちにとって、この本は、自分たちの日々のストレスと悩みを「慌ただしい現代のライフスタイルからうまれたシンドローム」として分かりやすく描き出し、その解決法を示唆してくれるという点で、大きな意味のある、そして共感できる書物だったのです。

本書の著者ソーティール夫妻は、カップルに対するカウンセリングを専門とし、多くの講演やワークショップを行う著名なセラピストで、これまで何千組ものカップルを治療してきました。第一部では、著者の豊富な臨床経験に基づいて、今日の多くの夫婦が抱えている悩み（仕事と家庭とのバランス、夫婦間のコミュニケーション、子育てなどに関する苦悩）を描き、「スーパーカップル症候群」の実態とその原因について説明しています。また、七章では、多忙でストレスの多いライフスタイルのなかで陥りやすい、誤った思い込み（＝神話）を検証していきます。第二部では、多忙な生活から生じるストレスを克服し、幸せな夫婦関係を築いていくための「夫婦のためのストレス克服プログラム」について詳述しています。

本書は決して非現実的な根本的な生活の変革——家財をなげうって、田舎に移り住み、自然を愛でながら夫婦でゆったりと暮らそうというような——を奨励するのではありません。著者のアドバイスは非常に現実的であり、忙しい生活のなかでもすぐに実行に移すことができるものです。著者は、あるインタビューでこう語っています。

「たくさんの超多忙な夫婦のカウンセリングをして成功してきましたが、それは私たちが彼らに、忙しい生活をやめなさいとは言わなかったからだと思います」「私たちが目標としているのは、『忙しくても、より心豊かな生活』なのです。」「例えば、夫婦としてうまくいっているカップルとそうでないカップルとの一日の過ごし方の違いは、たった一〇分の思いやりに満ちた会話の時間かもしれません。」「みんな忙しいのです。ふたりきりで一日二時間も座って話し合うような時間はありません。しかし、小さいことを積み重ねることで、繋がりは深まり、夫婦関係は全く変わってくるものです。」

この本は、アメリカのある雑誌で「人生において何が一番大切なのかを思い出させてくれる本」という書評を得ていました。著者は、夫婦が親密であることが幸せと健康のカギであり、良いパートナーシップを築くことが、人生においてもっとも複雑でなおかつ重要なチャレンジであると述べています。著者は、「スーパーカップル症候群」のからくりを明かすことで、読者が立ち止まって自分のライフスタイルを見直し、一回きりの人生で本当に大切にするべきものを大切にするような生活を送っているのかどうか、再度確認してみることを提唱しています。

家庭が、ストレスが多くプレッシャーに満ちた生活からの安らぎの場であり続けるために、また、互いに癒しあい楽しみあえるパートナーシップをもち続けるために、私たちが今何をするべきか、この本は重要な示唆を与えてくれています。

大修館書店の小林奈苗さんには、訳出にあたってひとかたならぬお世話になりました。この場をお借りしまして厚く御礼申し上げます。

二〇〇〇年一月

都築幸恵

[訳者略歴]

都築幸恵（つづきゆきえ）

コロンビア大学大学院博士課程卒業。カウンセリング心理学専攻。

Ed.D.（教育学博士）。現在埼玉女子短期大学助教授。

おもな訳書に『いじめ　こうすれば防げる　ノルウェーにおける成功例』（共訳、川島書店）など。

スーパーカップル症候群

初版発行——2000年3月10日

著者——ウェイン・M・ソーティール
メアリ・O・ソーティール
訳者——都築　幸恵
発行者——鈴木荘夫
発行所——株式会社大修館書店
〒101-8466　東京都千代田区神田錦町3-24
電話03-3295-6231(販売部)03-3294-2357(編集部)
振替00190-7-40504
出版情報 http://www.taishukan.co.jp

装丁者——Aleph Zero(小林美子)
印刷所——広研印刷
製本所——関山製本

ISBN4-469-21248-2　Printed in Japan